Jasmin Keller

Management von Markentransfers unter besonderer Berücksichtigung des Stammmarkenimages

GRIN - Verlag für akademische Texte

Der GRIN Verlag mit Sitz in München hat sich seit der Gründung im Jahr 1998 auf die Veröffentlichung akademischer Texte spezialisiert.

Die Verlagswebseite www.grin.com ist für Studenten, Hochschullehrer und andere Akademiker die ideale Plattform, ihre Fachtexte, Studienarbeiten, Abschlussarbeiten oder Dissertationen einem breiten Publikum zu präsentieren.

Dokument Nr. V156040 aus dem GRIN Verlagsprogramm

Jasmin Keller

Management von Markentransfers unter besonderer Berücksichtigung des Stammmarkenimages

GRIN Verlag

Bibliografische Information der Deutschen Nationalbibliothek: Die Deutsche Bibliothek verzeichnet diese Publikation in der Deutschen Nationalbibliografie; detaillierte bibliografische Daten sind im Internet über http://dnb.d-nb.de/ abrufbar.

1. Auflage 2008
Copyright © 2008 GRIN Verlag
http://www.grin.com/
Druck und Bindung: Books on Demand GmbH, Norderstedt Germany
ISBN 978-3-640-69094-7

Universität Bayreuth
Rechts- und Wirtschaftswissenschaftliche Fakultät

Diplomarbeit

zur Speziellen Betriebswirtschaftslehre Marketing

SS 2008

Thema:

Management von Markentransfers unter besonderer Berücksichtigung des Stammmarkenimages

Vorgelegt von:
Jasmin Keller

8. Semester BWL

Abgabetermin:
02. September 2008

Inhaltsverzeichnis

Abbildungsverzeichnis IV

Abkürzungsverzeichnis V

1   Einleitung 1
   1.1   Problemstellung und Zielsetzung der Arbeit 1
   1.2   Aufbau der Arbeit 3

2   Grundlagen von Marken und Markentransfers 5
   2.1   Grundlagen der Marke 5
       2.1.1   Begriff der Marke und ihre Funktionen 5
       2.1.2   Begriff des Markenimages 11
       2.1.3   Begriff der Stammmarke und weitere relevante Bezeichnungen 14
   2.2   Grundlagen des Markentransfers 14
       2.2.1   Einordnung des Markentransfers in die Markenstrategieformen 14
       2.2.2   Begriff des Markentransfers 19
       2.2.3   Ziele und Chancen des Markentransfers 23
       2.2.4   Risiken des Markentransfers 25
       2.2.5   Erfolgsfaktoren des Markentransfers 28
       2.2.6   Darstellung des Markentransferprozesses 30
   2.3   Zwischenfazit 32

3   Theoretische Imagetransfermodelle und die Bildung von Imagestrukturtypen 33
   3.1   Begriff des Imagetransfers 33
   3.2   Theoretische Imagetransfermodelle 34
       3.2.1   Imagetransfermodell von SCHWEIGER 34
           3.2.1.1   Zielsetzung und Kernaussagen des Modells 34
           3.2.1.2   Kritische Beurteilung des Modells 36
       3.2.2   Distanzmodell von MEFFERT / HEINEMANN 38
           3.2.2.1   Zielsetzung und Kernaussagen des Modells 38
           3.2.2.2   Kritische Beurteilung des Modells 41
       3.2.3   Gedächtnispsychologisches Erklärungsmodell von ESCH 42
           3.2.3.1   Zielsetzung und Kernaussagen des Modells 42

3.2.3.2 Kritische Beurteilung des Modells 46
3.3 Bildung von Imagestrukturtypen nach HÄTTY 47
  3.3.1 Zielsetzung und Kernaussagen des Ansatzes 47
  3.3.2 Kritische Beurteilung des Ansatzes 49
3.4 Zwischenfazit 50

4 Management von Markentransfers unter besonderer Berücksichtigung des Stammmarkenimages 52
4.1 Konzeptionsphase 52
  4.1.1 Analyse der Stammmarke 52
  4.1.2 Analyse des Transferpotentials der Stammmarke 55
  4.1.3 Identifizierung potentieller Transferprodukte 57
  4.1.4 Dehnungsanalyse zwischen Stammmarke und Transferprodukt 59
  4.1.5 Berücksichtigung markt- und unternehmensbezogener Determinanten ... 63
4.2 Umsetzungsplanung 65
  4.2.1 Positionierung des Transferproduktes in Bezug auf die Stammmarke 65
  4.2.2 Berücksichtigung von Umsetzungskonstanten und -variablen 66
  4.2.3 Ausgestaltung des Marketing-Mix 67
    4.2.3.1 Grundlegende Vorgehensweise 67
    4.2.3.2 Produktpolitische Entscheidungen 69
    4.2.3.3 Kommunikationspolitische Entscheidungen 71
    4.2.3.4 Preispolitische Entscheidungen 72
    4.2.3.5 Distributionspolitische Entscheidungen 74
4.3 Erfolgsabschätzung 75
  4.3.1 Erfolgsabschätzung für das Transferprodukt 75
  4.3.2 Erfolgsabschätzung für die Stammmarke 77
4.4 Markteinführung 78
4.5 Kontrolle 79
  4.5.1 Erfolg des Transferproduktes 79
  4.5.2 Erfolg der Stammmarke 79
4.6 Zwischenfazit 80

5 Schlussbetrachtung **82**

    5.1   Zusammenfassung und Fazit 82

    5.2   Ausblick 84

Anhang .... **VI**

Literaturverzeichnis .... **XI**

Abbildungsverzeichnis

Abbildung 1:	Vorgehensweise und Struktur der Arbeit	3
Abbildung 2:	Erklärungsansätze zur Wesensbestimmung von Marken	7
Abbildung 3:	Funktionen von Marken	9
Abbildung 4:	Merkmale des Markenimages	12
Abbildung 5:	Überblick über die statischen Markenstrategien	16
Abbildung 6:	Überblick über die dynamischen Markenstrategien	17
Abbildung 7:	Formen des Markentransfers	20
Abbildung 8:	Line, Franchise und Concept Extension	22
Abbildung 9:	Prozess des Markentransfers	31
Abbildung 10:	Abgrenzung des Imagetransfers vom Markentransfer	33
Abbildung 11:	Imagetransfermodell von SCHWEIGER	35
Abbildung 12:	Darstellung von Produkt-Marken-Konzepten im Imageraum	40
Abbildung 13:	Gedächtnispsychologisches Erklärungsmodell	43
Abbildung 14:	Schemavorstellungen als semantisches Netzwerkmodell	53
Abbildung 15:	Markenkompetenz BALLY und YVES SAINT LAURENT	60
Abbildung 16:	Vertikaler und horizontaler Koordinationsprozess	68
Abbildung A 1:	Imagetransferwahrscheinlichkeit	IX
Abbildung A2:	Beziehungsgeflecht der Erfolgsfaktoren von Markentransfers	X

Abkürzungsverzeichnis

bspw.	beispielsweise
bzw.	beziehungsweise
d.h.	das heißt
et al.	et alii
etc.	et cetera
evtl.	eventuell
f.	folgende Seite
ff.	folgende Seiten
FMCG	Fast Moving Consumer Goods
ggf.	gegebenenfalls
GfK	Gesellschaft für Konsumforschung
Hrsg.	Herausgeber
Jg.	Jahrgang
MarkenG	Markengesetz
Nr.	Nummer
o.g.	oben genannt
o.V.	ohne Verfasser
POS	Point of Sale
TeSi	Testmarktsimulation
u.a.	unter anderem
S.	Seite
sog.	so genannte
USP	Unique Selling Proposition
vgl.	vergleiche
z.B.	zum Beispiel
ZFP	Zeitschrift für Forschung und Praxis

1 Einleitung

1.1 Problemstellung und Zielsetzung der Arbeit

„*Extension is a necessity in the life of a brand. It indicates growth, change of scope and adaption to the market*"[1]

Wie dieses Zitat von KAPFERER verdeutlicht, stellt der Markentransfer ein wichtiges Instrument im Rahmen des Markenlebenszyklus dar. Marken sind heutzutage allgegenwärtig. Wir sehen sie beim Einkaufen, im Fernsehen, wir tragen sie am Körper. Marken sind Statussymbole, die die Zugehörigkeit zu einer bestimmten Gruppe demonstrieren oder uns gerade von dieser abgrenzen sollen. Sie sind aus unserem täglichen Leben nicht mehr weg zu denken. Vor allem in Zeiten einer fortschreitenden Globalisierung werden Marken zunehmend wichtiger, da sie Konsumenten insbesondere als Identifikationsmittel und Orientierungshilfe dienen. Gleichzeitig spielen sie aber auch für Unternehmen eine immer bedeutendere Rolle, indem sie für diese eine Möglichkeit der Kennzeichnung und insbesondere auch einen strategischen Erfolgsfaktor für die Generierung von Wettbewerbsvorteilen darstellen.[2] Marken unterstützen die Produktpositionierung und -differenzierung gegenüber der Konkurrenz, wodurch letztendlich für den Markeninhaber ein über den eigentlichen Produktnutzen hinausgehender Wert entsteht.[3] Immer mehr Unternehmen nutzen diesen Wert einer bereits etablierten Marken aus, um neue Produkte in den Markt einzuführen und so die bereits bestehende Marke zu kapitalisieren.[4] Auch in der wissenschaftlichen Literatur stellt die Marke zusammen mit den für sie verwendeten Strategien ein oft diskutiertes Thema dar.[5] Vor allem in Bezug auf die Einführung eines neuen Produktes wird die angewandte Markenstrategie als ein wichtiger Erfolgsfaktor angesehen.[6] Hier besteht grundsätzlich die Wahlmöglichkeit zwischen der Entwicklung einer neuen, eigenständigen Marke oder der Verwendung einer bereits etablierten.[7] Seit Mitte der 80er Jahre dominiert jedoch v.a. im Bereich kurz-

---

[1] Kapferer, J.-N. (2000), S. 43.
[2] Vgl. Mahnik, N./ Mayerhofer W. (2006), S. 1.
[3] Vgl. Meffert, H./ Bruhn, M. (1984), S. 15; Aaker, D. (1992), S. 31.
[4] Vgl. Müller, S. (2002), S. V.
[5] Vgl. Mahnik, N./ Mayerhofer, W. (2006), S. 2.
[6] Vgl. Günther, S. (2002), S. 1.
[7] Vgl. Tauber, E. M. (1981), S. 37.

lebiger Konsumgüter die zweite der beiden Alternativen, da Unternehmen zunehmend versuchen, die Bekanntheit, das Image und das Vertrauen, das die Konsumenten einer bereits etablierten Marke entgegenbringen, auch auf das neue Produkt zu übertragen und somit dessen Erfolg zu sichern.[8] Darüber hinaus soll der Erfolg des Transferproduktes wiederum auf die Stammmarke zurückwirken und diese zusätzlich stärken.[9]

Ursprung der zunehmenden Dominanz der Markentransferstrategie gegenüber der Neumarkenstrategie ist der durch die sinkende Werbeeffizienz immer kostspieliger und zeitaufwändiger werdende Aufbau neuer Marken. Des Weiteren wird es durch die Vielzahl bereits existierender Marken immer schwieriger, zusätzliche neue Marken in den Köpfen der Konsumenten zu etablieren.[10] Zeitgleich werden jedoch auch die Kundenwünsche zunehmend differenzierter, worauf die Unternehmen mit einer angemessenen Ausweitung ihres Produktangebots reagieren müssen, um letztendlich wettbewerbsfähig zu bleiben. Dieser Herausforderung begegnen daher viele Unternehmen mit der Anwendung einer Markentransferstrategie für die Einführung eines neuen Produktes.[11] Der Erfolg dieser Strategie ist generell von einer Vielzahl an Faktoren v.a. in den Phasen der Konzeption und Umsetzungsplanung abhängig.[12] Da neben zahlreichen Vorteilen auch einige Risiken mit der Strategie des Markentransfers verbunden sind, ist es besonders wichtig, ein genaues Verständnis bezüglich der Wahrnehmung und Beurteilung von Markentransfers durch den Konsumenten zu besitzen. Zudem stellt ein umfangreiches Wissen über die zentralen Determinanten und Wirkungszusammenhänge im Rahmen eines Markentransfers eine weitere grundlegende Voraussetzung für dessen erfolgreiche Planung und Umsetzung dar.[13] Ein Markentransfer gilt letztendlich dann als erfolgreich, wenn es gelungen ist, nicht nur den Markennamen, sondern auch das positive Image der Stammmarke auf das neue Produkt zu übertragen.[14]

---

[8] Vgl. Tauber, E. M. (1988), S. 27; Sattler, H. (2005), S. 505; Günther, S. (2002), S. V; Hätty, H. (1994), S. 562.
[9] Vgl. Sattler, H./ Kaufmann, G. (2006), S. 72.
[10] Vgl. Günther, S. (2002), S. V.
[11] Vgl. Caspar, M./ Burmann, C. (2005), S. 246.
[12] Vgl. Müller, S. (2002), S. V.
[13] Vgl. Günther, S. (2002), S. 2f.
[14] Vgl. Caspar, M./ Burmann, C. (2005), S. 248f.

Wie hier ersichtlich, spielt das Image der Stammmarke für den Erfolg des Markentransfers eine entscheidende Rolle. Dieses kann gemäß der dieser Arbeit zugrunde liegenden Definition entweder produkt-, nutzen- oder verwendergruppengeprägt sein.[15] Abhängig von dessen Ausprägung ergeben sich gewisse Besonderheiten, die bei der Planung und Umsetzung des Markentransfers beachtet werden müssen.[16] Ziel der vorliegenden Arbeit ist es daher, die einzelnen Schritte des Markentransferprozesses detailliert zu erläutern und dabei v.a. auf imagespezifische Eigenheiten der Stammmarke einzugehen. Darüber hinaus werden in den einzelnen Prozessphasen zudem Handlungsempfehlungen für die jeweiligen Imagestrukturtypen abgeleitet, die den Erfolg des Markentransfers sichern und möglicherweise auftretende Gefahren vermeiden sollen.

1.2 Aufbau der Arbeit

Um der Zielsetzung der Arbeit gerecht zu werden, ist diese wie folgt gegliedert:

Abbildung 1: **Vorgehensweise und Struktur der Arbeit**
Quelle: Eigene Darstellung

Wie in obiger Abbildung ersichtlich, werden im Anschluss an die Einleitung in **Kapitel 2** die Grundlagen von Marken und Markentransfers, die für das Verständnis des Themas erforderlich sind, näher erläutert. Hierzu werden die Begriffe Marke, Markenimage und Stammmarke, auf die im weiteren Verlauf der Arbeit noch häufig Bezug genommen wird, genau definiert. Darüber hinaus werden ebenso die verschiedenen Funk-

---

[15] Vgl. Hätty, H. (1989), S. 201.
[16] Vgl. Hätty, H. (1989), S. 208ff.

tionen von Marken aufgezeigt. Im Anschluss daran wird auf die Grundlagen des Markentransfers eingegangen, wobei dieser zunächst in die existierenden Markenstrategieformen eingeordnet wird und sodann die verschiedenen Formen des Markentransfers voneinander abgegrenzt werden. Weiterhin wird auf die Ziele und Chancen, die Risiken und die Erfolgsfaktoren des Markentransfers eingegangen, da diese grundlegende Aspekte darstellen, die bei der Entscheidung für einen Markentransfer und auch bei dessen Planung beachtet werden müssen. Anschließend werden in einem nächsten Schritt die einzelnen Phasen des Markentransferprozesses aufgezeigt und kurz erläutert. Ein Zwischenfazit rundet den Grundlagenteil ab und dient als Rekapitulation der wichtigsten Gesichtspunkte.

Das darauf folgende **Kapitel 3** beschäftigt sich mit den für die Konzeptionsphase in Kapitel 4 wichtigen theoretischen Imagetransfermodellen, welche die Imagetransfertauglichkeit eines neuen Produktes für eine bereits etablierte Marke messen. Hierfür wird zunächst der Begriff des Imagetransfers definiert und anschließend das Imagetransfermodell von SCHWEIGER, das Distanzmodell von MEFFERT/ HEINEMANN und das gedächtnispsychologische Erklärungsmodell von ESCH näher erläutert. Danach wird der Imagestrukturtypen-Ansatz von HÄTTY, der bis heute einen wichtigen Beitrag zur Systematisierung der Imagetransferforschung liefert und den nachfolgenden Ausführungen zugrunde gelegt wird, genau beschrieben. Den einzelnen Erläuterungen schließt sich jeweils eine kritische Würdigung an. Auch hier rundet ein Zwischenfazit das Kapitel ab.

In **Kapitel 4** wird jede der fünf Phasen des Markentransferprozesses detailliert dargestellt und es werden, wenn möglich, Handlungsempfehlungen für die von HÄTTY definierten Stammmarkenimages gegeben. Betrachtet werden im Einzelnen die Konzeptionsphase, die Umsetzungsplanung, die Erfolgsabschätzung, die Markteinführung und die Kontrolle. In einem Zwischenfazit werden die wichtigsten Ergebnisse des Kapitels abschließend noch einmal zusammengefasst.

Abgerundet wird die Arbeit in **Kapitel 5** durch eine finale Zusammenfassung der Ausführungen und einen Ausblick hinsichtlich der Bedeutung des Markentransfers in der Zukunft.

2 Grundlagen von Marken und Markentransfers

2.1 Grundlagen der Marke

2.1.1 Begriff der Marke und ihre Funktionen

Der Begriff ‚Marke' leitet sich sowohl von dem französischen Wort ‚marque' als auch von dem mittelhochdeutschen Wort ‚marc' ab. Erstes kann mit ‚auf einer Ware angebrachtes Zeichen' übersetzt werden, zweites bedeutet im Neuhochdeutschen soviel wie ‚Grenze, Grenzland, Grenzlinie zur Unterscheidung'.[17] Hierauf Bezug nehmend dient die Marke im Warenwirtschaftsverkehr prinzipiell der Kennzeichnung von Waren. Sie wurde bereits im Mittelalter von Zünften und Städten eingesetzt, um die Qualität der angebotenen Güter zu kontrollieren und die Hersteller voneinander zu unterscheiden.[18] Wettbewerbspolitische Bedeutung bekam die Marke erst mit dem Beginn der Industrialisierung, bei der es zu einer Trennung von Hersteller und Handel kam. In der sich entwickelnden Massenproduktion bestimmten alleine die Absatzmittler, was mit einem Produkt geschieht, da die Hersteller nach dem Verkauf an den Handel keinen Einfluss mehr auf ihre Ware hatten. Durch deren Markierung versuchten sie, dennoch für den Kunden sichtbar zu werden und ihn so nach einem positiven Konsumerlebnis zum Wiederkauf zu bewegen.[19] Nach **formalen Gesichtspunkten** stellt die Marke ein Kennzeichen von Gütern und Dienstleistungen dar und wird gemäß dem 1995 in Kraft getretenen MARKENGESETZ wie folgt definiert[20]:[21] „Als Marke können alle Zeichen, insbesondere Wörter einschließlich Personennamen, Abbildungen, Buchstaben, Zahlen, Hörzeichen, dreidimensionale Gestaltungen einschließlich der Form einer Ware oder ihrer Verpackung sowie sonstige Aufmachungen einschließlich Farben und Farbzusammenstellungen geschützt werden, die geeignet sind, Waren oder Dienstleistungen eines Unternehmens von denjenigen anderer Unternehmen zu unterscheiden."[22] Ähnlich defi-

---

[17] Vgl. Bruhn, M. (1994), S. 5.
[18] Vgl. Leitherer, E. (1994), S. 141f.
[19] Vgl. Dichtl, E. (1978), S. 18f.; Dichtl, E. (1992), S. 3f.
[20] In dem bis 1994 geltenden Warenzeichengesetz wurde der Begriff ‚Marke' nur für Dienstleistungen verwendet. Für physische Produkte existierte der Begriff ‚Warenzeichen'. Mit der Einführung des Markengesetzes im Jahr 1994 wurde das Warenzeichengesetz aufgehoben und der Warenzeichenbegriff verschwand. Das Markengesetz spricht nun einheitlich von Marken. Vgl. Bruhn, M. (2004), S. 12f.
[21] Vgl. Müller, S. (2002), S. 9; Sattler, H./ Völckner, F. (2007), S. 26.
[22] §3 Abs. 1 MarkenG.

niert auch die AMERICAN MARKETING ASSOCIATION den Markenbegriff: „A name, term, sign, symbol, or design, or a combination of them intended to identify the goods or services of one seller or a group of sellers and to differentiate them from those of competition".[23]

Grundsätzlich herrscht jedoch seit Beginn der systematischen Auseinandersetzung mit der Markenpolitik Unklarheit über den Begriff ‚Marke' und angrenzende bzw. teilweise synonyme Begriffe wie ‚Markenartikel', ‚markierte Ware' oder ‚Markenzeichen'. Grund hierfür ist sowohl die unterschiedliche Herkunft der Forscher und Praktiker als auch die zeitliche Entwicklung der Marke[24].[25] Prinzipiell wird eine Marke jedoch erst dann zu einer Marke, wenn sie im Kopf des Konsumenten als eine solche wahrgenommen wird.[26] Dies führte letztendlich zu einer **inhaltlichen Auseinandersetzung** mit dem Markenbegriff, welche die heutige, enorme Begriffsvielfalt nach sich zog.[27]

Da genauere Ausführungen zu den einzelnen Definitionsansätzen den Rahmen der vorliegenden Arbeit übersteigen würden, werden nachfolgend nur die wichtigsten konkurrierenden Ansätze zur Bestimmung des Markenwesens im Überblick dargestellt. Die Einteilung der verschiedenen Erklärungsansätze mit der Zuordnung ihrer jeweils relevantesten Vertreter erfolgt hier nach BRUHN[28]:

---

[23] Alexander, R. S. (1960), S. 9.

[24] Für genauere Informationen zur zeitlichen Entwicklung der Marke siehe Bruhn, M. (2004), S. 19ff., Bruhn, M. (2004), S. 6ff. oder auch Baumgarth, C. (2008), S. 6ff.

[25] Vgl. Baumgarth, C. (2008), S. 1.

[26] Vgl. Schönborn, G./ Molthan, K. M. (2001), S. 3.

[27] Vgl. Bentele, G. et al. (2005), S. 5.

[28] Eine andere Einteilung nimmt bspw. BAUMGARTH vor, indem er zwischen einem rechtlichen, einem objektbezogenen, einem anbieterorientierten, einem nachfragerbezogenen und einem integrierten Ansatz unterscheidet. Vgl. Baumgarth, C. (2008), S. 1ff.

2 Grundlagen von Marken und Markentransfers 7

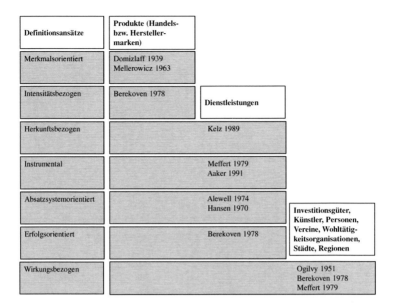

Abbildung 2: Erklärungsansätze zur Wesensbestimmung von Marken[29]
Quelle: in Anlehnung an Bruhn (2004), S. 6ff.

Wie in Abbildung 2 erkennbar, beziehen sich der merkmalsorientierte und der intensitätsorientierte Ansatz ausschließlich auf Produkte. Der herkunftsbezogene, der instrumentale, der absatzsystemorientierte und der erfolgsorientierte Ansatz schließen hingegen zusätzlich Dienstleistungen mit ein. Der umfassendsten Herangehensweise zur Erklärung des Markenwesens bedient sich hingegen der wirkungsbezogene Ansatz, da dieser alles unter dem konsumentenseitigen Verständnis des Markenbegriffs zusammenfasst.[30]

Im Rahmen der vorliegenden Arbeit wird ausschließlich auf den wirkungsbezogenen Ansatz näher eingegangen, da die aus heutiger Sicht den anderen Ansätzen zu Grunde liegende, enge Auffassung des Markenbegriffs als wenig sinnvoll erachtet wird[31]. Denn

---

[29] Seit Beginn der 90er Jahre sind auch integrierte Ansätze entstanden, die verschiedene Aspekte der hier aufgeführten Ansätze kombinieren, aufeinander abstimmen oder erweitern. Hier zu nennen ist bspw. der identitätsorientierte Ansatz. Vgl. Bruhn, M. (2004), S. 9. Für genauere Informationen zum identitätsorientierten Ansatz siehe Burmann, C./ Meffert, H. (2005), S. 37ff.

[30] Vgl. Meier-Bickel, T. (2006), S. 17.

[31] Für genauere Informationen bezüglich der nicht verwendeten Ansätze siehe Anhang 1.

neben Fertigwaren können durchaus auch Dienstleistungen, Vorprodukte, Ideen und Personen Markenstatus erlangen[32].[33] Darüber hinaus ist auch der fehlende Einbezug des Konsumenten, der allen anderen Ansätzen gemein ist, nicht mehr zeitgemäß. Die wirkungsbezogene Markendefinition berücksichtigt dagegen nicht nur Informationen über die Herkunft und die Qualität eines Produktes, um das Verhalten von Konsumenten zu erklären, sondern sie richtet den Fokus auf den Konsumenten selbst. Dies geschieht, indem bei der Definition nicht die Perspektive des Herstellers oder Gesetzgebers eingenommen wird, sondern die subjektive Wahrnehmung und das Vorstellungsbild des Konsumenten im Mittelpunkt stehen.[34] Eine Marke entsteht nach wirkungsbezogener Auffassung dann, wenn sie ein positives, relevantes und unverwechselbares Image beim Konsumenten erzeugen kann.[35] Hiernach wird die Marke als ein „**in der Psyche des Konsumenten verankertes, unverwechselbares Vorstellungsbild von einem Produkt oder einer Dienstleistung**"[36] angesehen. Dieses Vorstellungsbild bezieht sich auf das Wissen, das der Konsument in Bezug auf eine Marke in seinem Gedächtnis gespeichert hat, und beinhaltet z.B. deren Namen und physische Gestaltung sowie bestimmte Gefühle, Bilder oder auch Verwendungszusammenhänge. Dieses Markenwissen stellt einen wesentlichen Einflussfaktor auf das Kaufverhalten des Konsumenten gegenüber einer Marke dar.[37]

Funktionen von Marken

Prinzipiell erfüllt die Marke für Hersteller, Handel und Konsument jeweils unterschiedliche Funktionen, die nachfolgend kurz dargestellt werden sollen.[38] Die Unterteilung erfolgt hier gemäß BURMANN/ MEFFERT/ KOERS in eine Nachfrager- und eine Anbieterperspektive:

---

[32] Vorliegende Arbeit beschränkt sich jedoch auf die Betrachtung des Markentransfers bei Marken aus dem Konsumgüterbereich. Daher werden Dienstleistungen, Investitionsgüter und andere Objekte, die nach der angenommenen Definition einen Markenstatus erlangen können, außen vor gelassen.
[33] Vgl. Schlaberg, F. (1997), S. 19.
[34] Vgl. Esch, F.-R. (2008), S. 20; Meier-Bickel, T. (2006), S. 23; Berekoven, L. (1978), S. 43.
[35] Vgl. Weinberg, P. (1995), Sp. 2681.
[36] Meffert, H./ Burmann, C. (1998), S. 81.
[37] Vgl. Esch, F.-R./ Wicke, A./ Rempel, E. (2005), S. 11f.
[38] Vgl. Meier-Bickel, T. (2006), S. 31.

2 Grundlagen von Marken und Markentransfers 9

Abbildung 3:   Funktionen von Marken
                Quelle: Burmann/ Meffert/ Koers (2005), S. 10ff.

Aus verhaltenstheoretischer Sicht besitzt die Marke für den Nachfrager eine **Orientierungsfunktion**, da sie für ihn bei der Produktbeurteilung eine wesentliche Entscheidungshilfe darstellt.[39] Durch die Marke wird die Markttransparenz für den Konsumenten erhöht, so dass er das von ihm gewünschte Produkt leichter identifizieren kann und sein Suchaufwand erheblich reduziert wird. Darüber hinaus üben Marken für Nachfrager zusätzlich eine **Informationsfunktion** aus, da sie im Falle eines Wiederkaufs dazu beitragen den Kaufentscheidungsprozess zu beschleunigen und zu vereinfachen.[40] Marken dienen hier als sog. ‚Information Chunks', d.h. als Schlüsselinformationen, die als Indikatoren für andere Informationen stehen.[41] Der Konsument orientiert sich an diesen, was für ihn die Komplexität der Informationsverarbeitung reduziert und schließlich o.g. Auswirkung auf den Kaufentscheidungsprozess hat.[42] Zudem besitzen Marken dadurch, dass ihr Name für eine bestimmte Produkt- bzw. Leistungsqualität steht, eine gewisse Bekanntheit, Kompetenz und Identität gegenüber dem Konsumenten, was letztendlich dazu führt, dass die Marke für ihn eine Art **Vertrauensfunktion** hat.[43] Des Weiteren kann eine Marke für den Konsumenten eine **Prestigefunktion** innerhalb sei-

---

[39] Vgl. Bruhn, M. (2004), S. 32; Burmann, C./ Meffert, H./ Koers, M. (2005), S. 10.
[40] Vgl. Burmann, C./ Meffert, H./ Koers, M. (2005), S. 10f.
[41] Vgl. Burmann, C./ Meffert, H./ Koers, M. (2005), S. 11; Kroeber-Riel, W./ Weinberg, P. (2003), S. 265.
[42] Vgl. Kroeber-Riel, W./ Weinberg, P. (2003), S. 265; Kaas, K. P./ Busch, A. (1996), S. 245.
[43] Vgl. Meier-Bickel, T. (2006), S. 32.

nes sozialen Umfelds erfüllen, indem er bestimmte Güter, die für ihn ein attraktives Image besitzen, dafür nutzt, seine Persönlichkeit auszudrücken.[44] Umgekehrt kann die Marke jedoch auch eine **identitätsstiftende Wirkung** haben, indem der Konsument bestimmte Markenattribute auf sich selbst überträgt, um hiermit sein Eigenbild zu definieren. In beiden Fällen steht die Marke repräsentativ für bestimmte Wertvorstellungen und übernimmt jeweils eine **symbolische Funktion**.[45]

Aus dem nachfragerseitigen Nutzen der Marke ergeben sich auch für Anbieter zahlreiche Chancen, die Marke effizient zu nutzen. So kann diese bspw. durch ihre absatzfördernde Wirkung zu einer Steigerung des ökonomischen Markenwerts beitragen, was sich wiederum positiv auf das gesamte Unternehmen auswirkt.[46] Eine Marke ermöglicht es außerdem, Präferenzen für das eigene Leistungsangebot zu erzeugen und sich somit gewinnbringend von den Konkurrenten zu differenzieren. In diesem Fall erfüllt sich eine sog. **Profilierungsfunktion**. Darüber hinaus bietet die Marke Unternehmen die Möglichkeit einer **segmentspezifisch-differenzierten Marktbearbeitung**, indem einzelne Marktsegmente mit unterschiedlichen, zielgruppenspezifischen Marken bestmöglich bedient werden können. Zudem führen starke Marken zu einer erhöhten **Kundenbindung**, die wiederum den Unternehmenserfolg positiv beeinflusst, die Schwankungen der Absatzentwicklung reduziert und somit letztendlich durch besser prognostizierbare Umsätze zu einer **Unternehmenswertsteigerung** beiträgt.[47] Darüber hinaus können durch Marken attraktive **Wachstumspotentiale** entstehen, die bspw. im Rahmen einer Markentransferstrategie effizient genutzt werden können.[48] Außerdem bietet sich dem Anbieter ein gewisser **preispolitischer Spielraum**, wenn es ihm gelingt, seine Marke als einzigartig erscheinen zu lassen, da Konsumenten in diesem Fall auf Preiserhöhungen weniger sensibel reagieren.[49]

---

[44] Vgl. Burmann, C./ Meffert, H./ Koers, M. (2005), S. 12; Bruhn, M. (2004), S. 33.
[45] Vgl. Burmann, C./ Meffert, H./ Koers, M. (2005), S. 12; Aaker, D. A. (2002), S. 99.
[46] Vgl. Keller, K. L. (2003), S. 11.
[47] Vgl. Burmann, C./ Meffert, H./ Koers, M. (2005), S. 12ff.
[48] Vgl. Klein-Bölting, U./ Maskus, M. (2003), S. 17.
[49] Vgl. Keller, K. L. (2003), S. 105; Zimmermann, R. et al. (2001), S. 9.

2.1.2 Begriff des Markenimages

Der Begriff des Markenimages spielt im Rahmen der vorliegenden Arbeit eine besonders wichtige Rolle, weshalb er im Folgenden genau definiert wird. Ursprünglich entstammt der Begriff des ‚Markenimages' einem Artikel von GARDNER/LEVY aus dem Jahr 1955, in dem sie die These aufstellen, dass Produkte neben einer rein physikalischen Natur auch soziale und psychologische Aspekte besitzen.[50] Im Laufe der Zeit ist eine Vielzahl weiterer Ansätze zur Definition des Markenimagebegriffs[51] entstanden, wobei in vorliegender Arbeit davon ausgegangen wird, dass das Markenimage die **Gesamtheit der Vorstellungen** eines Individuums in Bezug auf eine Marke umfasst und sich als ein mehrdimensionales System von **Eindruckswerten**, d.h. subjektiv bewerteter, empfundener Ausprägungen von denotativen und konnotativen Produkt- und Markeneigenschaften, darstellt.[52] Die Vorstellungen eines Individuums werden in Form von **Markenassoziationen** in seinem Gedächtnis repräsentiert. Sie sind in einem semantischen Netzwerk[53] miteinander verbunden und stellen neben der Markenbekanntheit die eigentliche inhaltliche Wissensstruktur einer Marke dar.[54]

Das Markenimage kann nach ESCH anhand folgender Merkmale beschrieben werden[55]:

---

[50] Vgl. Gardner, B./ Levy, S. (1955), S. 33ff.

[51] Für genauere Informationen bezüglich der verschiedenen Markenimagedefinitionen siehe Dobni, D./ Zinkhan, G. (1990), S. 111ff.

[52] Vgl. Meffert, H./ Heinemann, G. (1990), S. 5.

[53] Semantische Netzwerkmodelle können zur Erklärung des Konsumentenverhaltens entwickelt werden und setzen sich aus Knoten und Kanten zusammen. Die Knoten repräsentieren das faktische Wissen des Konsumenten in Bezug auf eine bestimmte Marke bzw. ein bestimmtes Produkt und erlangen erst durch ihre Beziehungen zu anderen Knoten eine inhaltliche Bedeutung. Die Verbindungen zwischen den Knoten stellen Assoziationen dar und werden durch die Kanten abgebildet. Semantische Netzwerkmodelle sind keine geschlossenen, statischen Gebilde, sondern unterliegen durch die permanente Aufnahme neuer Informationen einer ständigen Veränderung. Vgl. Hätty, H. (1989), S. 194ff. Für genauere Informationen diesbezüglich siehe Hätty, H. (1989), S. 194ff.

[54] Vgl. Keller, K. L. (1991), S. 3f.; Zimmermann, R. et al. (2001), S. 49.

[55] ESCH orientiert sich hier an KELLER, der jedoch die Dimensionen Repräsentation, Anzahl, Richtung und Zugriffsfähigkeit der Markenassoziationen in seiner Betrachtung außen vor lässt. Vgl. Keller, K. L. (1991), S. 5ff.

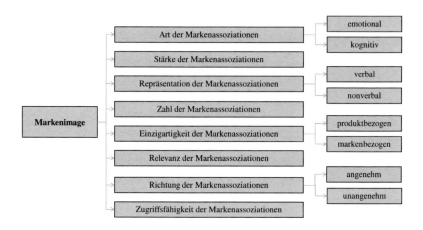

Abbildung 4: Merkmale des Markenimages
Quelle: in Anlehnung an Esch (2008), S.66.

Wie in Abbildung 4 ersichtlich, unterscheidet ESCH zwischen acht verschiedenen Eigenschaften, die Markenassoziationen prinzipiell aufweisen können. Hier zu nennen ist als erstes die **Art der Assoziation**, die, wie bereits erwähnt, entweder konnotativ oder denotativ sein kann.[56] Denotative oder auch sachliche Assoziationen sind unmittelbar mit dem Produkt verbunden und umfassen vernunftbetonte, wissensbezogene Kriterien. Konnotative oder auch emotionale Assoziationen sind dagegen nicht-sachlich, wissensunabhängig und beziehen sich nur metaphorisch auf das Produkt.[57] Eine Marke gilt dann besonders stark, wenn v.a. emotionale Bestandteile mit ihr verknüpft werden.[58] Darüber hinaus kann das Markenimage durch die **Stärke der Assoziationen** näher beschrieben werden, die grundsätzlich davon abhängt, wie die Informationen im Gedächtnis des Konsumenten ankommen und wie sie als ein Teil des Markenimages behalten werden.[59] Des Weiteren kann prinzipiell zwischen verbalen und nonverbalen Assoziationen unterschieden werden, die das **Markenimage repräsentieren**. Häufig werden mit starken Marken auch zahlreiche nonverbale Inhalte verbunden wie bspw. Bilder, Jingles oder olfaktorische Eindrücke, da der Konsument auf diese schneller zurück grei-

---

[56] Vgl. Esch, F.-R. (2008), S. 69.
[57] Vgl. Hätty, H. (1989), S. 82.
[58] Vgl. Esch, F.-R. (2008), S. 69.
[59] Vgl. Keller, K. L. (1991), S. 9.

fen kann und sich somit besser an sie erinnert.[60] Für die Erklärung des Konsumentenverhaltens spielt zudem besonders die Klarheit, mit welcher der Konsument das Bild einer Marke vor seinem inneren Auge sieht, eine wichtige Rolle.[61] Darüber hinaus wird das Markenimage auch durch die **Anzahl der Assoziationen** geprägt, so dass starke Marken in der Regel über mehr Assoziationen verfügen als schwache.[62] Des Weiteren ist es wünschenswert, dass eine Marke über möglichst viele **einzigartige Assoziationen** verfügt, mit denen sie sich letztendlich gegenüber anderen Marken differenzieren kann.[63] Besitzt eine Marke exklusiv eine oder mehrere Assoziationen, die außerdem noch eine hohe Stärke aufweisen, können hieraus strategische Wettbewerbsvorteile entstehen.[64] Zudem soll in Bezug auf die **Richtung der Assoziationen** erreicht werden, dass eine Marke positive Gefühle weckt, die ihr eine gewisse Akzeptanz und Sympathie verleihen.[65] In Bezug auf die **Relevanz der Assoziationen** ist es von Bedeutung, dass die mit einer Marke verbundenen Vorstellungen für den Konsumenten wichtig sind und seinen Bedürfnissen entsprechen. Daher ist v.a. bei starken Marken die Vorteilhaftigkeit der Assoziationen sehr ausgeprägt.[66] Abschließend kann noch die **Zugriffsfähigkeit der Assoziationen** zur Beschreibung des Markenimages herangezogen werden. Hier ist es erstrebenswert, dass die Marke leicht mit bestimmten Eigenschaften und Vorstellungen verknüpft werden kann und diese wiederum auch leicht mit der Marke.[67]

Grundsätzliche Voraussetzung für die Entstehung solcher Assoziationen, und damit auch der Bildung eines Markenimages, ist gemäß KELLER die Bekanntheit einer Marke, d.h. die Fähigkeit potentieller Nachfrager, sich aktiv an ein Markenzeichen zu erinnern oder dieses mit Hilfe einer akustischen und/ oder visuellen Stütze wieder zu erkennen und der richtigen Produktkategorie zuzuordnen[68].[69] Im Rahmen der vorliegenden Arbeit wird die Markenbekanntheit jedoch vorausgesetzt.

---

[60] Vgl. Esch, F.-R. (2008), S. 69.; Kroeber-Riel, W. (1993), S. 25ff.
[61] Vgl. Ruge, H.-D. (1988), S. 184; Kroeber-Riel, W. (1993), S. 25ff.
[62] Vgl. Krishnan, H. S. (1996), S. 399.
[63] Vgl. Esch, F.-R. (2008), S. 70.
[64] Vgl. Keller, K. L. (1991), S. 10f.
[65] Vgl. Esch, F.-R. (2008), S. 70.
[66] Vgl. Krishnan, H. S. (1996), S. 307.
[67] Vgl. Esch, F.-R. (2008), S. 70.
[68] In diesem Zusammenhang spricht man bei der aktiven Erinnerung von einem ‚Brand Recall'. Die passive Erinnerung dagegen wird als ‚Brand Recognition' bezeichnet. Vgl. Keller, K. L. (1991), S. 4.

2.1.3 Begriff der Stammmarke und weitere relevante Bezeichnungen

Als **Stammmarke**[70] wird die etablierte Marke bezeichnet, die auf ein neues Produkt übertragen wird, welches wiederum als ‚Transferprodukt' betitelt werden kann.[71] Nach SATTLER bedeutet ‚etabliert' in diesem Zusammenhang, dass die Marke dem Konsumenten bereits bekannt ist.[72] Darüber hinaus wird das Produkt, welches bereits unter der Stammmarke geführt wird und das der Konsument als ursprüngliches Produkt dieser Marke im Gedächtnis hat, als ‚Stammprodukt' bezeichnet. Bei einer Einzelmarke ist es eindeutig, welches Produkt das Stammprodukt darstellt, bei einer Dach- oder Familienmarke ist es meist das Produkt, das zuerst unter der Marke eingeführt wurde.[73]

2.2 Grundlagen des Markentransfers

2.2.1 Einordnung des Markentransfers in die Markenstrategieformen

Markenstrategien dienen als ein Teil der Markenführung grundsätzlich der Bildung von Marken und der langfristigen Steigerung des Markenwerts. Sie stellen Grundsatzpläne der Markenführung dar und sind in eine vorhandene Unternehmensstrategie eingebettet.[74] Bevor eine bestimmte Markenstrategie angewandt wird, gilt es, zuerst die strategische Ausgangssituation des Unternehmens zu analysieren und die strategischen Markenziele festzulegen. Markenstrategien können demnach als „**bedingte, langfristige und globale Verhaltenspläne zur Erreichung vorher festgelegter Markenziele**"[75] definiert werden.[76] Die Aufgabe einer Markenstrategie besteht insbesondere darin, die Markenarchitektur auszugestalten und das damit festgelegte Markenportfolio zu führen.[77]

---

[69] Vgl. Keller, K. L. (1991), S. 4f.

[70] In der Literatur werden alternativ auch die Begriffe Muttermarke oder Ursprungsmarke verwendet. Vgl. Sattler, H./ Völckner, F. (2006), S. 53ff.; Caspar, M./ Burmann, C. (2005), S. 246ff. Im Rahmen der vorliegenden Arbeit wird jedoch ausschließlich der Begriff Stammmarke verwendet.

[71] Vgl. Völckner, F. (2004), S. 81.

[72] Vgl. Sattler, H. (2005), S. 505.

[73] Vgl. Fuchs, M. (2004), S. 30.

[74] Vgl. Baumgarth, C. (2008), S. 142; Meffert, H. (2002), S. 136; Meffert, H. (1992), S. 135.

[75] Meffert, H. (2002), S. 136.

[76] Vgl. Meffert, H. (2002), S. 136.

[77] Vgl. Meier-Bickel, T. (2006), S. 68.

Basierend auf dieser Aussage lassen sich Markenstrategien in statische und dynamische Strategien unterteilen.[78] Bei den statischen Markenstrategien steht eine zeitpunktbezogene Perspektive im Vordergrund, welche im Rahmen der dynamischen Strategien um eine zukunftsgerichtete Perspektive ergänzt wird. Diese zweite Perspektive ist deshalb nötig, weil das Markenmanagement aufgrund der sich im Zeitablauf ändernden Markt- und Unternehmensbedingungen Marken stetig weiterentwickeln und verändern muss.[79] Bei der Wahl der **statischen Markenstrategie** ist grundsätzlich die Anzahl der Marken und deren Positionierung[80] festzulegen[81]. Bezüglich der Markenanzahl wird in der Literatur zwischen Einzelmarken, Familienmarken, Dachmarken und teilweise auch Mehrmarken unterschieden.[82] Letztere werden im Rahmen der vorliegenden Arbeit jedoch nicht als eine separate Markenstrategie angesehen, da sie sich nach BÖHLER/ SCIGLIANO prinzipiell nur darauf beziehen, dass in einem bestimmten Produktbereich nicht ausschließlich eine Marke angeboten wird, sondern mindestens zwei eigenständige Marken parallel geführt werden. Dies stellt daher lediglich eine Erweiterung der Einzelmarkenstrategie dar und wird hier deshalb nicht separat betrachtet.[83] Nachfolgende Grafik soll einen Überblick über die statischen Markenstrategien geben, die im Folgenden allerdings nur knapp betrachtet werden, da sie lediglich die Ausgangsbasis bzw. das Ergebnis eines Markentransfers darstellen, für den weiteren Verlauf der Arbeit jedoch keine essentielle Rolle mehr spielen:

---

[78] Vgl. Baumgarth, C. (2008), S. 142; Böhler, H./ Scigliano, D. (2005), S. 105.

[79] Vgl. Burmann, C./ Meffert, H./ Blinda, L. (2005), S. 184.

[80] Auf die Positionierung wird im Rahmen der vorliegenden Arbeit nicht näher eingegangen. Für genauere Informationen diesbezüglich siehe Sattler, H. (2001), S. 88ff., Haedrich, G./ Tomczak, T./ Kaetzke, P. (2003), S. 46ff. oder auch Baumgarth, C. (2008), S. 134ff.

[81] Eine andere Untergliederung der Entscheidungsbereiche im Rahmen der statischen Markenstrategien nimmt bspw. BAUMGARTH vor, indem er zwischen folgenden fünf Bereichen differenziert: Zielgruppe der Markenstrategie, Breite der Markenstrategie, Tiefe der Markenstrategie, Markenhierarchie, Markenportfolio. Vgl. Baumgarth, C. (2008), S. 142ff. Auch BRUHN unterscheidet hier noch in weitere Merkmalskategorien, deren Ausführungen jedoch den Rahmen der vorliegenden Arbeit übersteigen würden. Vgl. Bruhn, M. (2001), S. 38ff.

[82] Vgl. Böhler, H./ Scigliano, D. (2005), S. 105.

[83] Vgl. Meffert, H. (2002), S. 139; Böhler, H./ Scigliano, D. (2005), S. 109.

2 Grundlagen von Marken und Markentransfers   16

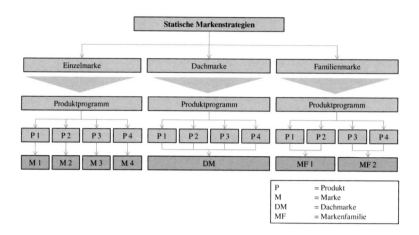

Abbildung 5: Überblick über die statischen Markenstrategien
Quelle: in Anlehnung an Böhler/ Scigliano (2005), S.106f.

Im Falle einer **Einzelmarkenstrategie** bietet ein Unternehmen jedes seiner Produkte unter einem eigenständigen Markennamen an. Hierdurch entsteht eine unverwechselbare Markenidentität und es ist eine klare, eindeutige Positionierung der jeweiligen Marke möglich.[84] Der Anbieter selbst bleibt hingegen eher im Hintergrund. Eine solche Strategie ist v.a. dann sinnvoll, wenn Unternehmen heterogene Produkte anbieten bzw. Produkte, die unterschiedlich positioniert werden sollen, um damit letztendlich verschiedene Kundengruppen anzusprechen.[85] Im Gegensatz zur Einzelmarkenstrategie, werden bei der **Dachmarkenstrategie** alle Produkte eines Unternehmens unter einer Marke angeboten. Eine solche Strategie sollte besonders dann angewandt werden, wenn das Produktprogramm sehr breit ist und nur geringe Unterschiede in den Zielgruppen bzw. den einzelnen Programmteilen bestehen.[86] Das Unternehmen, seine Kompetenz, die Sympathie und auch das Vertrauen des Kunden stehen hier im Vordergrund der Profilierungsbemühungen.[87] Falls das Unternehmen in mehreren Produktbereichen tätig sein sollte oder in einem Produktbereich mehrere Marken positionieren möchte, können die erläuterten Grundoptionen der Einzel- und Dachmarkenstrategie erweitert werden, indem für

---

[84] Vgl. Böhler, H./ Scigliano, D. (2005), S. 105f.
[85] Vgl. Becker, J. (2005), S. 386.
[86] Vgl. Böhler, H./ Scigliano, D. (2005), S. 107.
[87] Vgl. Becker, J. (2005), S. 390; Meffert, H. (2002), S. 144.

die unterschiedlichen Produktbereiche bzw. Positionierungen jeweils eine bestimmte Markenfamilie geführt wird. Im Rahmen dieser Markenfamilie treten mehrere verwandte Produkte unter einem Namen auf, ohne auf den Unternehmensnamen direkt Bezug zu nehmen.[88] Prinzipiell ist diese Strategie der Versuch, die jeweiligen Vorteile der Einzelmarken- mit denen der Dachmarkenstrategie zu verbinden.[89] Voraussetzung für eine solche **Familienmarkenstrategie** ist jedoch, dass die Produkte einer Markenfamilie über ähnliche Marketing-Mix-Strategien und ein gleichwertiges Qualitätsniveau verfügen.[90] Sowohl Familienmarken als auch Dachmarken sind in der Regel das Ergebnis eines Markentransfers, der mit einer Einzelmarke durchgeführt wurde.[91]

Wie bereits eingangs erwähnt, wird bei den **dynamischen Markenstrategien** die zeitpunktbezogene Perspektive der statischen Markenstrategien um eine zukunftsgerichtete Perspektive ergänzt.[92] Dynamische Markenstrategien dienen der Veränderung des Markenportfolios, wobei hier grundsätzlich zwischen folgenden Strategieoptionen unterschieden wird[93]:

Abbildung 6: **Überblick über die dynamischen Markenstrategien**
Quelle: Baumgarth (2008), S.157ff.

---

[88] Vgl. Meffert, H. (2002), S. 142f.
[89] Vgl. Böhler, H./ Scigliano, D. (2005), S. 107.
[90] Vgl. Meffert, H. (2002), S. 143.
[91] Vgl. Fuchs, M. (2004), S. 29.
[92] Vgl. Burmann, C./ Meffert, H./ Blinda, L. (2005), S. 184.
[93] Eine andere Untergliederung der dynamischen Markenstrategien nehmen bspw. BURMANN/ MEFFERT/ BLINDA oder auch SATTLER/ VÖLCKNER vor. Vgl. Burmann, C./ Meffert, H./ Blinda, L. (2005), S. 184ff.; Sattler, H./ Völckner, F. (2007), S. 150ff. Für die anschließende Definition des Markentransferbegriffes ist jedoch die Einteilung nach BAUMGARTH am besten geeignet.

Wie in obiger Abbildung ersichtlich, kann hier grundsätzlich zwischen einer Vergrößerung, einer Bereinigung und einer Umstrukturierung des Markenportfolios unterschieden werden. Im Rahmen der vorliegenden Arbeit wird jedoch ausschließlich auf die **Vergrößerung des Markenportfolios** näher eingegangen, da die anderen Strategien hier nicht weiter von Bedeutung sind. In Bezug auf die Vergrößerung des Markenportfolios kann zwischen einer Markenrestrukturierung, einem Markentransfer und einer Neumarkenstrategie differenziert werden. Im Rahmen der **Markenrestrukturierung** werden bei gleichem Leistungsumfang, d.h. bei einer gleichen Anzahl an Produkten, weitere Marken hinzugefügt. So können bspw. Submarken aufgebaut werden, um zu verhindern, dass Familien- oder Dachmarken, unter denen unterschiedliche Leistungen angeboten werden, geschwächt werden. Submarken besitzen einen hohen Bezug zur Familien- bzw. Dachmarke, weisen aber auch eigenständige Branding-Elemente und Markenassoziationen auf[94]. Darüber hinaus besteht bspw. die Möglichkeit, eine Dachmarke aufgrund nicht zusammenpassender Leistungen in verschiedene Einzel- bzw. Familienmarken umzuwandeln[95]. Im Gegensatz zur Markenrestrukturierung, wird bei der Strategie des **Markentransfers** eine bereits vorhandene Marke für eine neue Leistung in Anspruch genommen, so dass hier keine neue Marke in das Portfolio aufgenommen wird, sondern die Anzahl an Marken trotz neuer Produkte konstant bleibt[96]. Welche Formen des Markentransfers hier im Einzelnen unterschieden werden können, wird im nächsten Kapitel ausführlich beschrieben. Eine weitere dynamische Strategie zur Vergrößerung des Markenportfolios stellt die **Neumarkenstrategie** dar, bei der das Leistungsportfolio entweder beibehalten oder vergrößert wird. Es handelt es sich prinzipiell dann um eine Neumarke, wenn alle Branding-Elemente (Name, Logo, Slogan, Verpackung, etc.) für die Abnehmergruppe noch unbekannt sind und somit jede Art von Imagetransfer von einer etablierten Marke auf das neue Produkt ausgeschlossen ist, so dass dessen Bekanntheit und Image hier vollkommen neu aufgebaut werden müssen[97],[98].

---

[94] Ein Beispiel hierfür ist der Aufbau eigenständiger Submarken der Marke NIVEA mit NIVEA FOR MEN, NIVEA BEAUTÉ, NIVEA SKIN, etc. Vgl. Baumgarth, C. (2008), S. 167.

[95] Ein Beispiel hierfür ist die Dachmarke MELITTA, die aus o.g. Gründen, ihren strategischen Geschäftsfeldern entsprechend, in die Marken MELITTA, TOPPITS, SWIRL, ACLIMAT und CILIA aufgespalten wurde. Vgl. Baumgarth, C. (2008), S. 167f.

[96] Beispiele für einen Markentransfer sind etwa die Übertragungen der Marke MARS auf Eiscreme, der Marke ADIDAS auf Parfum/ Duschgel, der Marke CAMEL auf Outdoor-Kleidung oder auch der Marke NIVEA auf Make-up/ After-Shave/ Haarspray, etc. Vgl. Baumgarth, C. (2008), S. 157f.

[97] Darüber hinaus kann hier weiter unterschieden werden zwischen Markeninnovationen i.e.S., bei denen alle Branding-Elemente vollkommen neu entwickelt werden, Markeninnovationen mit Absender,

Der Markentransfer und die Neumarkenstrategie stellen zusammen die wesentlichen Alternativen für die Einführung eines neuen Produktes dar.[99] Welche Strategie letztendlich angewandt wird, ist abhängig von der Relevanz des Images der bereits etablierten Marke in der für den Transfer in Frage kommenden Produktkategorie und davon, ob ein Widerspruch zwischen deren Image und dem neuen Produkt vorliegt. Darüber hinaus ist entscheidend, ob durch die Ausweitung der bereits vorhandenen Marke Wachstumspotentiale genutzt werden können oder ob hierfür, aus o.g. Gründen, besser eine neue Marke eingeführt werden sollte, die es, evtl. auch durch einen späteren Markentransfer, ermöglicht, diese Potentiale optimal zu nutzen. Zudem spielt bei der Strategiewahl für das neue Produkt auch dessen Innovationsgrad eine entscheidende Rolle, wobei es sich hier mit steigendem Innovationsgrad zunehmend empfiehlt, eine neue Marke einzuführen und diese eigenständig am Markt zu positionieren.[100]

2.2.2 Begriff des Markentransfers

Da in der Literatur verschiedene Klassifikationen und Terminologien bezüglich der Strategie des Markentransfers[101] existieren, wird das dieser Arbeit zugrunde liegende Begriffsverständnis im Folgenden noch einmal genau definiert. Grundsätzlich stellt der Markentransfer eine Form der Markenerweiterung dar, bei der eine etablierte Marke entweder auf ein neues Produkt übertragen oder auf neue geographische Märkte ausgedehnt wird.[102] Im ersten Fall werden der bestehende Markenname und, soweit möglich, auch die entsprechenden Ausstattungsmerkmale des Stammproduktes (z.B. Farbe, Produkt- und Verpackungsform, etc.) auf das **neue Produkt** übertragen, so dass der Konsument alle mit dieser Marke gekennzeichneten Leistungen als eine zusammengehörige

---

bei denen eine vorhandene Empfehlungsmarke integriert wird (z.B. RIGO von BACARDI oder FROOP von MÜLLER), Markeninnovationen mittels geographischer Neueinführung, bei denen eine Marke bereits auf anderen regionalen Märkten eingeführt wurde und einer Markenrevitalisierung, bei der eine Marke wieder neu eingeführt wird, nachdem sie eine Zeit lang auf dem Markt nicht erhältlich war. Vgl. Baumgarth, C. (2008), S. 169.

[98] Vgl. Baumgarth, C. (2008), S. 157ff.; Sattler, H. (2005), S. 508f.; Sattler, H. (1997), S. 16.

[99] Vgl. Sattler, H. (2005), S. 505.

[100] Vgl. Esch, F.-R. (2008), S. 359.

[101] In der Literatur werden im Sinne des hier beschriebenen Markentransfers häufig auch synonym die Begriffe Markenerweiterung, Markendehnung oder Brand-Stretching verwendet. Vgl. Sattler, H./ Völckner, F. (2006), S. 53. Um eine einheitliche Begrifflichkeit herzustellen, wird in vorliegender Arbeit jedoch ausschließlich die Bezeichnung ‚Markentransfer' verwendet.

[102] Vgl. Völckner, F. (2003), S. 2f.

Einheit wahrnimmt.[103] Bei der Ausdehnung einer Marke auf **neue geographische Märkte** handelt es sich grundsätzlich nur dann um einen Markentransfer, wenn Nachfrager aus dem Land, in das die Markenerweiterung vorgenommen wird, bereits Kenntnisse bezüglich der entsprechenden Marke haben. Dies ist kann einerseits durch die räumliche Mobilität der Nachfrager und andererseits auch durch die überregionale bzw. internationale Verfügbarkeit der Medien der Fall sein[104]. Ist die Marke auf dem neuen geographischen Markt jedoch weitgehend unbekannt, liegt kein Markentransfer, sondern eine Neumarkenstrategie vor.[105] Nachfolgende Grafik soll noch einmal einen kurzen Überblick über die verschiedenen Formen des Markentransfers geben und diese weiter untergliedern[106]:

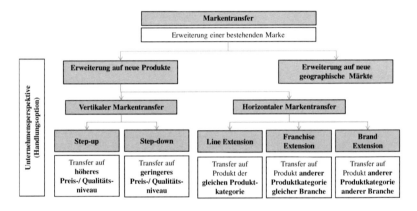

Abbildung 7: **Formen des Markentransfers**
Quelle: in Anlehnung an Sattler/ Kaufmann (2006), S. 71; Völckner (2003), S. 3; Caspar (2002), S. 29.

---

[103] Vgl. Hätty, H. (1994), S. 563.

[104] Ein Beispiel für einen solchen Markentransfer ist die amerikanische Eiscrememarke BEN & JERRY´S, die vor ihrer Einführung in Deutschland bereits vielen Konsumenten bekannt war und somit hier auch schon zu einem gewissen Grad ein Markenimage besaß. Vgl. Völckner, F. (2004) S. 81.

[105] Vgl. Völckner, F. (2004), S. 81f.; Sattler, H. (1997), S. 38f.

[106] ESCH ET AL. unterscheiden hier noch weiter zwischen direktem und indirektem Markentransfer, wobei o.g. Optionen einem direkten Markentransfer zuzurechnen sind. Unter den indirekten Markentransfer werden das Sub-Branding, Super-Branding und Co-Branding gefasst. Vgl. Esch, F.-R. et al. (2005), S. 911. Im Rahmen der vorliegenden Arbeit wird jedoch auf den indirekten Markentransfer nicht näher eingegangen, da dieser nicht in der Literatur vorherrschenden Definition des Markentransfers entspricht. Siehe hierzu bspw. Sattler, H. (1997), Völckner, F. (2004) oder Hätty, H. (1994).

Da die Strategie des Markentransfers eine Handlungsoption darstellt, liegt dieser, wie in Abbildung 7 ersichtlich, die Unternehmensperspektive zugrunde, so dass der Begriff des Markentransfers letztendlich einen Managementprozess bzw. eine strategische Handlungsoption des Managements bezeichnet.[107] Im Rahmen der vorliegenden Arbeit wird ausschließlich die Erweiterung einer bestehenden Marke auf neue Produkte betrachtet, die Besonderheiten einer Ausdehnung auf neue geographische Märkte werden hingegen außen vor gelassen[108].

Wie in obiger Abbildung ersichtlich, kann hier grundsätzlich zwischen einem vertikalen und einem horizontalen Markentransfer unterschieden werden. Im Falle eines **vertikalen Markentransfers** befindet sich das Transferprodukt in der gleichen Produktkategorie wie die Stammmarke, jedoch auf einem höheren (Step-up) oder geringeren (Step-down) Preis- und/oder Qualitätsniveau[109].[110] Diese Art von Markentransfer wird eingesetzt, um eine breitere Marktabdeckung zu erzielen und durch die Ansprache neuer Zielgruppen die Konsumentenrente abzuschöpfen[111].[112] Im Rahmen eines vertikalen Markentransfers verwenden Unternehmen häufig einen Markenzusatz, um die Verwässerung des Stammmarkenimages durch das unterschiedliche Preis- und/ oder Qualitätsniveau zu verhindern.[113] Im Gegensatz dazu, befindet sich das Transferprodukt im Falle eines **horizontalen Markentransfers** in etwa auf demselben Preis- und/oder Qualitätsniveau wie das Stammprodukt.[114] Prinzipiell lässt sich hier zwischen einem Transfer auf ein neues Produkt der gleichen Produktkategorie (Line Extension), einem Transfer auf ein Produkt einer anderen Produktkategorie in der gleichen Branche (Franchise Extension) und einem Transfer auf ein Produkt einer anderen Produktkategorie in einer

---

[107] Vgl. Caspar, M./ Burmann, C. (2005), S. 248f.; Caspar, M. (2002), S. 27; Baumgarth, C. (2008), S. 165.

[108] Für genauere Informationen hierzu siehe Sattler, H./ Völckner, F. (2007), S. 91f. oder Völckner, F. (2003), S. 2f.

[109] In diesem Zusammenhang wird auch von ‚Trading-up' bzw. ‚Trading-down' gesprochen. Siehe hierzu Decker, R./ Bornemeyer, C. (2007), S. 576 oder Böhler, H./ Scigliano, D. (2005), S. 109.

[110] Vgl. Sattler, H./ Kaufmann, G. (2006), S. 70.

[111] Diese Art von Markentransfer wird besonders häufig in der Automobilbranche genutzt, was z.B. der preisliche und qualitative Step-down von Mercedes mit der A-Klasse oder auch der offensichtliche Step-up von VW ins Luxussegment durch die Einführung des Phaetons zeigen. Vgl. Sattler, H./ Völckner, F. (2007), S. 89f.

[112] Vgl. Böhler, H./ Scigliano, D. (2005), S. 109.

[113] Vgl. Farquahr, P. H. et al. (1992), S. 37f.; Park, C. W./ McCarthy, M./ Milberg, S. J. (1993), S. 28.

[114] Vgl. Sattler, H./ Kaufmann, G. (2006), S. 71.

anderen Branche (Concept Extension) unterscheiden[115].[116] Zum besseren Verständnis dieser drei Markentransferarten werden hier beispielhaft die Erweiterungen der Marken DR. OETKER, KNORR und MAGGI aufgezeigt:

Marke	Stammprodukt	Line Extension	Franchise Extension	Concept Extension
DR. OETKER	Original Puddingpulver	Instant Pudding	Tiefkühl-Snacks	Backformen
KNORR	Brühen/ Suppen	Vitaminreiche Suppen	Tiefkühl-Fertiggerichte	Kochbuch
MAGGI	Würze & Suppen	Sommersuppen im Glas	Würzsauce	Kochstudio Treff

Abbildung 8: Line, Franchise und Concept Extension
Quelle: in Anlehnung an Sattler/ Kaufmann (2006), S. 71.

Darüber hinaus kann, sowohl für den horizontalen als auch für den vertikalen Markentransfer, hinsichtlich der Markenherkunft zwischen einem internen und einem externen Markentransfer unterschieden werden. Bei einem **internen Markentransfer** liegen die Eigentumsrechte an der Stammmarke im Unternehmen, d.h. für den Markentransfer wird eine im Unternehmen bereits verfügbare Marke eingesetzt. Bei einem **externen Markentransfer** ist dies hingegen nicht der Fall, so dass die Marke erst von außen erworben werden muss. Bedeutende Formen des externen Markentransfers stellen Unternehmensakquisitionen[117], Franchise-Kontrakte[118] und Lizenzierungen[119] dar.[120] Im weiteren Verlauf der Arbeit wird jedoch nicht mehr zwischen den verschiedenen Arten der Markenherkunft unterschieden.

---

[115] Hier ist jedoch kritisch anzumerken, dass eine Abgrenzung zwischen den einzelnen Formen nicht immer eindeutig möglich ist, da sich Produktkategorien und Branchen in vielen Fällen nicht präzise unterscheiden lassen. Vgl. Sattler, H./ Völckner, F. (2007), S. 90. Zudem ist auch die Abgrenzung zwischen einer Line Extension und einer Produktdifferenzierung, bei der nur geringfügige Variationen eines Produktes vorgenommen werden, oftmals schwierig. Vgl. Völckner, F. (2004), S. 81.

[116] Vgl. Sattler, H./ Völckner, F. (2007), S. 90.

[117] Für genauere Informationen bezüglich Unternehmensakquisitionen siehe Sander, M. (1994), S. 51ff. oder Muchow, K. C. (1999), S. 6ff.

[118] Für genauere Informationen bezüglich Franchise-Kontrakten siehe Taylor, A. (1998), S. 114ff.

[119] Für genauere Informationen bezüglich Lizensierungen siehe Binder, C. U. (2005), S. 523ff. oder Reinstrom, C./ Sattler, H./ Lou, M. (2006), S. 50ff.

[120] Vgl. Sattler, H./ Völckner, F. (2007), S. 91.

Darüber hinaus beschränkt sich vorliegende Arbeit auf die Betrachtung der horizontalen Markentransferstrategien, wobei hier wiederum speziell auf die in der Literatur vorwiegend betrachteten Strategien[121] der Line und Concept Extension Bezug genommen wird.[122] Werden diese beiden Begriffe nicht explizit erwähnt, ist davon auszugehen, dass sich die Aussagen auf beide Strategien beziehen. Die Betrachtung des vertikalen Markentransfers wird in vorliegender Arbeit außen vor gelassen, da dieser aufgrund des unterschiedlichen Preis- und/ oder Qualitätsniveaus von Stamm- und Transferprodukt gewisse Besonderheiten aufweist, deren Ausführungen den Rahmen dieser Arbeit übersteigen würden[123].

2.2.3 Ziele und Chancen des Markentransfers

Ziel eines Markentransfers ist der ertragserhöhende Ausbau der Wettbewerbsposition einer Marke durch die Ausnutzung ihres Transferpotentials.[124] Dabei sollen die positiven Imagekomponenten sowie die Sympathie- und Vertrauenswerte einer bereits etablierten Marke auf das Transferprodukt übertragen werden, um somit letztendlich unten genannte Chancen zu realisieren.[125] Gleichzeitig soll jedoch auch das Transferprodukt dazu beitragen, das Image der Stammmarke zu stärken, so dass der Markentransfer schließlich für beide einen positiven Effekt erzielt.[126] Darüber hinaus besteht die Intention eines Markentransfers darin, zusätzliche Umsatz- und Ertragspotentiale zu erschließen, indem sowohl Kunden der Stammmarke als auch neue Kunden mit dem Transferprodukt angesprochen werden sollen.[127]

Hinsichtlich der Chancen eines Markentransfers, lassen sich diese einerseits in Chancen für das Transferprodukt und andererseits in Chancen für die Stammmarke unterteilen[128]:

---

[121] Siehe hierzu bspw. Völckner, F. (2003), Caspar, M./ Burmann, C. (2005) oder Esch, F.-R. (2008).

[122] Vgl. Sattler, H./ Völckner, F. (2007), S. 90.

[123] Für genauere Informationen bezüglich des vertikalen Markentransfers siehe Baumgarth, C. (2008), S. 137f. oder Böhler, H./ Scigliano, D. (2005), S. 105f.

[124] Vgl. Wölfer, U. (2004), S. 801.

[125] Vgl. Esch, F.-R. (2008), S. 390; Wölfer, U. (2004), S. 801.

[126] Vgl. Esch, F.-R. (2008), S. 390.

[127] Vgl. Wölfer, U. (2004), S. 802.; Baumüller, N./ Erbenich, C. D. (2006), S. 35.

[128] Eine andere Untergliederung nimmt bspw. Esch vor, indem er zwischen Chancen bzw. später auch Risiken für den Konsumenten, den Handel und das Unternehmen unterscheidet. Vgl. Esch, F.-R. (2008), S. 390ff. Im Rahmen der vorliegenden Arbeit wird diese Unterscheidung jedoch außen vor gelassen.

Chancen für das Transferprodukt

Im Vergleich zur Neumarkeneinführung ermöglicht der Markentransfer dem neuen Produkt einen **schnelleren Marktzugang**. Der Grund hierfür sind die positiven Erfahrungen mit der Stammmarke, die durch den Transfer auf das neue Produkt übertragen werden und letztendlich zu einer **höheren Akzeptanz beim Handel und Konsumenten** führen. Beide haben beim Erwerb des neuen Produktes ein geringeres Risiko, da ihnen die Marke bereits bekannt ist, sie idealerweise positive Assoziationen mit ihr verbinden und sie ihnen ein bestimmtes Qualitätsniveau garantiert. Somit reduziert sich der Lernaufwand und Informationsbedarf beim Konsumenten, seine Kaufbereitschaft wird gesteigert und auch die Listungsbereitschaft des Handels erhöht, was wiederum das **Flop-Risiko**[129] des neuen Produktes reduziert. Zudem können durch eine erhöhte Verbraucherakzeptanz **Pull-Effekte** zu einer verstärkten Handelsakzeptanz beitragen, **Markteintrittsbarrieren** überwunden und sowohl eine **verbesserte POS-Präsenz** als auch **Regalplatzsicherung** erreicht werden. Des Weiteren verursacht der Markentransfer gegenüber der Neumarkenstrategie wesentlich **geringere Kosten** bei der Produkteinführung, da hier keine neue Marke etabliert werden muss, wodurch v.a. die Kommunikationskosten geringer sind, weil Markenbekanntheit und –image bereits existieren.[130] Zudem besteht die Möglichkeit, Kostensynergien durch gemeinsame Kommunikationsträger und/ oder einheitliche Verpackungen und Markierungen zu erzielen.[131] Darüber hinaus resultieren **Zeit- und Kostenvorteile** daraus, dass der Prozess der Namensfindung für das neue Produkt entfällt und auch keine Kosten für die Registrierung eines Markennamens anfallen.[132] Außerdem können **Verbundeffekte** dadurch entstehen, dass die Konsumenten den Eindruck haben die Verwendung einer einheitlichen Marke (z.B. bei Hautpflege- und Kosmetikprodukten) sei besser als die Verwendung von Produkten unterschiedlicher Marken.

---

[129] Eine Untersuchung von SULLIVAN für kurzlebige Konsumgüter in den USA zeigt, dass Markentransferstrategien zu einem späteren Zeitpunkt der Produkteinführung innerhalb des Produktlebenszyklus erfolgreicher sind als Neumarkenstrategien. Bei einem frühen Produkteinführungszeitpunkt haben sich dagegen die Flopraten der beiden Markenstrategien nicht signifikant unterschieden. Vgl. Sullivan, M. W. (1992), S. 798ff.

[130] Vgl. Sattler, H./ Kaufmann, G. (2006), S. 72; Esch, F.-R. (2008), S. 391; Sattler, H./ Völckner, F. (2007), S. 99.; Caspar, M./ Burmann, C. (2005), S. 250.

[131] Vgl. Sattler, H. (2004), S. 821.

[132] Vgl. Sattler, H./ Völckner, F. (2007), S. 95; Völckner, F. (2003), S. 5; Zatloukal, G. (2002), S. 3f.

Chancen für die Stammmarke

Auch die Stammmarke kann, wie bereits erwähnt, von einem Markentransfer profitieren. So kann bspw. deren **Image** gestärkt werden, indem die für das Transferprodukt angestrebten Imageeffekte im Sinne eines **Spill-Over-Effektes** auf die Ursprungsmarke zurück wirken.[133] Zudem steigt durch das neue Produkt nicht nur die Bekanntheit der Marke, sondern auch die Vorstellungen und Assoziationen, welche die Konsumenten bisher im Bezug auf eine Marke hatten, können durch das neue Produkt um zusätzliche positive Komponenten ergänzt werden. Diese positiven Rückwirkungen können bspw. zur **Umpositionierung der Stammmarke** oder auch zu einer Verjüngung des Markenimages[134] genutzt werden. Zudem führt der Markentransfer idealerweise zur **Entkopplung des Marken- vom Produktlebenszyklus**, d.h. die Marke besteht unabhängig vom Ursprungsprodukt weiter, so dass das in die Marke investierte Kapital über einen einzelnen Produktlebenszyklus hinaus z.b. für Nachfolgeprodukte oder weitere Markentransfers genutzt werden kann. Des Weiteren können mittels eines Markentransfers **Werbebeschränkungen** für das Stammprodukt umgangen werden, was sich insbesondere die Zigarettenindustrie zu Nutze macht (z.B. CAMEL Schuhe, MARLBORO Reisen, HB Atlanten, etc.). Die Werbung für die Transferprodukte wirkt sich hier gleichzeitig auch positiv auf die Bekanntheit und das Image der Stammmarke aus.[135]

2.2.4 Risiken des Markentransfers

Neben den zahlreichen Chancen lassen sich jedoch auch einige Risiken des Markentransfers nennen, die sich wiederum in Risiken für das Transferprodukt und Risiken für die Stammmarke unterteilen lassen:

Risiken für das Transferprodukt

Trotz der Erweiterung einer bereits etablierten Marke, ist hier **keine Erfolgsgarantie** für das neue Produkt gegeben.[136] So kann es bspw. sein, dass die Stammmarke über eine zu schwache Markenbekanntheit oder ein zu schwaches Image verfügt, so dass deren

---

[133] Vgl. Sattler, H./ Kaufmann, G. (2006), S. 72f.; Caspar, M./ Burmann, C. (2005), S. 250.

[134] Ein Beispiel hierfür ist die Umpositionierung der Marke TESA, die durch die Einführung innovativer TESA-Power-Strips ein neues, dynamisches Image erlangte. Vgl. Sattler, H./ Kaufmann, G. (2006), S. 73.

[135] Vgl. Sattler, H./ Kaufmann, G. (2006), S. 73; Sattler, H./ Völckner, F. (2007), S. 98f.

[136] Vgl. Sattler, H./ Kaufmann, G. (2006), S. 73.

Hebelwirkung nicht ausreicht, um klare Gedächtnisinhalte auf das Erweiterungsprodukt zu übertragen.[137] Zudem ist es aufgrund von Fehleinschätzungen möglich, dass das **Stammmarkenimage und die Assoziationen**, die auf das Transferprodukt übertragen wurden, keine Relevanz in der Erweiterungskategorie haben, was den Erfolg des neuen Produktes letztendlich verhindert. Darüber hinaus können **Synergien überschätzt** werden, so dass das Transferprodukt nur unzureichend beworben wird und deshalb scheitert.[138] Des Weiteren kann durch einen Markentransfer die Positionierung des neuen Produktes erschwert werden, indem bereits vorhandene Stammmarkenassoziationen zu **Positionierungsgrenzen** führen, wodurch wiederum die Vermarktungsmöglichkeiten für das neue Produkt eingeschränkt werden[139].[140] Außerdem kann ein Markentransfer die **Zielgruppenansprache** erschweren, da das Transferprodukt stark an die zentralen Imagekomponenten der Stammmarke gebunden ist und eine spezifische Zielgruppenansprache bzw. die Ansprache einer von der Stammmarke abweichenden Zielgruppe somit nur beschränkt möglich ist.[141]

Risiken für die Stammmarke

Darüber hinaus entsteht durch die zunehmende Anzahl an Produkten unter einem Markendach ein **erhöhter Koordinationsbedarf**, was sich insbesondere auf das Marketing auswirkt.[142] Aufgrund bestehender Synergien müssen bei allen Entscheidungen mögliche Auswirkungen auf andere Produkte der Marke und die Stammmarke selbst bedacht werden, um eine Imageverwässerung zu vermeiden.[143] Darüber hinaus besteht v.a. bei einer Line Extension die Gefahr, dass die bisherigen Produkte der Marke und somit evtl. auch das Stammprodukt **kannibalisiert** werden. Dies ist besonders dann problematisch, wenn der sinkende Absatz der etablierten Produkte nicht durch den Absatz der neuen

---

[137] Vgl. Esch, F.-R. (2008), S. 392f.; Tauber, E. M. (1981), S. 40; Tauber, E. M. (1993), S. 313f.
[138] Vgl. Esch, F.-R. (2008), S. 393; Sharp, B. M. (1993), S. 13; Aaker, D. A. (1990), S. 52.
[139] Positionierungsprobleme gewinnen v.a. dann an Bedeutung, wenn die Anzahl bzw. Heterogenität der Transferprodukte groß ist, da hier der Handlungsspielraum für die Positionierung des neuen Produktes durch die Bindung an die zentralen Imagekomponenten der Stammmarke erheblich eingeschränkt ist. Vgl. Sattler, H. (2004), S. 822.
[140] Vgl. Sattler, H./ Kaufmann, G. (2006), S. 73.
[141] Vgl. Sattler, H./ Völckner, F. (2007), S. 102; Sattler, H. (2001), S. 86.
[142] Vgl. Sattler, H./ Kaufmann, G. (2006), S. 73.
[143] Vgl. Keller, K. L. (2003), S. 593ff.

Transferprodukte kompensiert wird[144].[145] Weiterhin können **Distributionsprobleme** auftreten, wenn der Handel wegen des begrenzten Regalplatzes nicht bereit ist, weitere Produkte aufzunehmen.[146] Dies kann v.a. dann der Fall sein, wenn der Handel davon ausgeht, dass das neue Produkt nur zu einer Umschichtung des Umsatzes führt und keinen zusätzlichen Umsatz generiert.[147] Diese mangelnde Listungsbereitschaft des Handels kann wiederum zu **Frustrationen bei den Konsumenten** führen, weil sie das beworbene Transferprodukt in ihrer gewohnten Einkaufsstätte nicht vorfinden, und somit der Stammmarke schaden. Zudem kann aber auch eine zu breite Produktauswahl unter einer Marke eine Missstimmung bei den Konsumenten hervorrufen, indem sie sich durch die große Auswahl überfordert fühlen.[148] Dies kann schließlich auch zur Abwendung von der Marke führen.[149] Das größte Risiko für die Stammmarke ist jedoch eine **Imagebeeinträchtigung** in Form einer Schädigung oder Verwässerung.[150] Durch negative, mit dem neuen Produkt verbundene Assoziationen kann es zu einer Beschädigung des Stammmarkenimages kommen, was sich wiederum auf alle unter der Marke angebotenen Produkte auswirken und somit einen erheblichen Schaden nach sich ziehen kann.[151] Eine Imageverwässerung liegt hingegen dann vor, wenn bei dem Markentransfer das eindeutige Nutzenversprechen einer Marke bzw. ihre klare Persönlichkeit verloren geht, da das Image des Transferproduktes nicht dem bisherigen Markenbild entspricht.[152] Durch eine Verwässerung des Markenimages kann die Marke ihre eindeutige Positionierung verlieren und somit auch in ihrer Wettbewerbsfähigkeit beeinträchtigt werden.[153] Darüber hinaus kann es zum Verlust ihrer Glaubwürdigkeit kommen, sollte die Positionierung des Stamm- und Transferproduktes zu unterschiedlich sein.[154]

---

[144] Zuweilen werden solche Kannibalisierungseffekte innerhalb einer Marke jedoch bewusst in Kauf genommen, um zu verhindern, dass der Konsument zu Produkten der Konkurrenz wechselt. Vgl. Keller, K. L. (2003), S. 594.
[145] Vgl. Guiltinan, J. P. (1993), S. 140f.; Keller, K. L. (2003), S. 594; Lomax, W. et al. (1996), S. 282f.
[146] Vgl. Keller, K. L. (2003), S. 590.
[147] Vgl. Sattler, H./ Völckner, F. (2007), S. 103.
[148] Vgl. Keller, K. L. (2003), S. 590.
[149] Vgl. Sattler, H./ Kaufmann, G. (2006), S. 73.
[150] Vgl. Keller, K. L. (2003), S. 591; Sattler, H./ Kaufmann, G. (2006), S. 72.
[151] Vgl. Loken, B./ Roedder, J. D. (1993), S. 72; Sharp, B. M. (1993), S. 12.
[152] Vgl. Esch, F.-R. (2008), S. 369.
[153] Vgl. Trout, J./ Rivkin, S. (1996), S. 41; Aaker, D. A./ Keller, K. L. (1990), S. 28.
[154] Vgl. Burmann, C./ Meffert, H./ Blinda, L. (2005), S. 202.

2.2.5 Erfolgsfaktoren des Markentransfers

Die bisherige Forschung hat bereits zahlreiche Untersuchungen[155] angestellt, in denen der Einfluss verschiedener Faktoren auf den Markentransfererfolg analysiert wurde.[156] Die wichtigsten hier identifizierten Einflussfaktoren sind der Fit zwischen Stammmarke und Transferprodukt, die Stärke der Muttermarke, die Handelsakzeptanz des Transferproduktes und schließlich die vom Konsumenten wahrgenommene Marketingunterstützung des neuen Produktes.[157] Unter dem **Fit** versteht man die wahrgenommene Ähnlichkeit zwischen Stammmarke und Transferprodukt.[158] Ist dieser hoch[159], fällt es dem Konsumenten leicht, das Image der Stammmarke und seine positive Einstellung ihr gegenüber auf das neue Produkt zu übertragen.[160] Mögliche Faktoren, die einen Fit zwischen Stammmarke und Transferprodukt erzeugen können, sind gemeinsame Produkteigenschaften, gemeinsame Nutzungssituationen oder auch ähnliche Nutzer, die zusammen letztendlich ein gemeinsames Markenimage darstellen.[161] Diese ähnlichkeitskonstituierenden Faktoren werden auch als Transferklammer bezeichnet und spielen für den Erfolg des Markentransfers eine entscheidende Rolle.[162] Hinsichtlich der **Markenstärke**[163] bieten starke Marken einen besseren Ausgangspunkt für einen Markentransfer

---

[155] Seit 1985 wurden insgesamt über 50 empirische Studien zur Identifizierung potentieller Erfolgsfaktoren des Markentransfers veröffentlicht, welche erste Ansätze zur Beurteilung der Erfolgschancen eines geplanten Transfers liefern. Vgl. Völckner, F. (2003), S. 10. Darauf aufbauend haben bspw. SATTLER und ZATLOUKAL eine Checkliste entworfen, mittels derer die Entscheidung für oder gegen die Durchführung eines Markentransfers getroffen werden kann. Vgl. Sattler, H. (1998), S. 480ff.; Zatloukal, G. (2002), S. 215ff. Kritisch anzumerken ist hier jedoch, dass die Ergebnisse der zahlreichen empirischen Studien in Bezug auf den signifikanten Einfluss einzelner Faktoren nicht eindeutig sind und teilweise zu unterschiedlichen Ergebnissen kommen. Vgl. Sattler, H./ Völckner, F. (2007), S. 104f.

[156] Vgl. Völckner, F. (2003), S. 10.

[157] Vgl. Völckner, F./ Sattler, H. (2006), S. 30; Völckner, F. (2003), S. 260.

[158] Vgl. Sattler, H./ Völckner, F. (2006), S. 61.

[159] Die Fitbeurteilung ist abhängig vom Markenwissen der Konsumenten. Laien beurteilen den Fit zwischen Stammmarke und Transferprodukt meist nur anhand von Äußerlichkeiten (Surface Level Cues) wie bspw. der Verpackung oder der Farbe, wohingegen Experten eher verdeckte Konzepte (Deep Cues) wie bspw. die Technologie zur Fitbeurteilung heranziehen. Vgl. Baumgarth, C. (2008), S. 161.

[160] Vgl. Baumgarth, C. (2008), S. 159; DelVecchio, D. (2000), S. 758.

[161] Vgl. Baumgarth, C. (2008), S. 159.

[162] Vgl. Caspar, M./ Burmann, C. (2005), S. 262; Hätty, H. (1994), S. 572.

[163] Die Markenstärke ist grundsätzlich eine nicht-monetäre, psychologische oder ähnliche Größe, die sich in den monetären Markenwert überführen lässt. Vgl. Bentele, G. et al. (2005), S. 39ff. Sie stellt das konsumentenbezogene Wertpotential einer Marke dar und ist die Voraussetzung für die Entstehung eines monetären Markenwerts. Vgl. Hubbard, M. (2004), S. 150. Indikatoren für eine hohe Markenstärke sind bspw. eine hohe Markenbekanntheit, ein positives Markenimage oder auch eine

als schwache. Der Grund hierfür ist naheliegend: Eine Marke, die sich bereits in ihrem Stammproduktbereich nicht durchsetzen konnte, wird dies auch in dem Transferproduktbereich nicht schaffen, da das neue Produkt nicht von den Vorteilen einer starken Stammmarke (z.B. Bekanntheit, Vertrauen, etc.) profitieren kann. In diesem Fall ist die schwache Marke eine Erfolgsbarriere, da das Transferprodukt, welches unter einem anderen Markennamen durchaus Erfolgspotential haben könnte, durch die hergestellte Verbindung mit dem schwachen Stammprodukt abgewertet wird[164].[165] Die Stärke einer Marke wird durch sog. Schemata in den Köpfen der Konsumenten reflektiert, worauf im weiteren Verlauf der Arbeit noch mehrmals Bezug genommen wird.[166] Zudem stellt die **Handelsakzeptanz** einen Erfolgsfaktor dar, die als wahrgenommene Erhältlichkeit operationalisiert wird und die Listungsbereitschaft des Handels widerspiegelt. Ist diese hoch, steigt auch die Erfolgswahrscheinlichkeit des Transferproduktes.[167] Darüber hinaus können die Erfolgschancen des Transferproduktes durch verstärkte **Werbeinvestitionen und Verkaufsförderungsmaßnahmen** erhöht werden.[168] Hinsichtlich der relativen Wichtigkeit der einzelnen Faktoren haben v.a. die Qualität der Stammmarke und der Fit zwischen Stammmarke und Transferprodukt einen entscheidenden Einfluss auf den Markentransfererfolg.[169] Weitere Erfolgsfaktoren stellen häufig die Historie vorangegangener Markentransfers[170], das Produktinvolvement[171] und die Innovativeness[172]

---

hohe Markentreue. Vgl. Frahm, L. G. (2004), S. 51. Für genauere Informationen zur Messung der Markenstärke siehe Frahm, L. G. (2004), S. 50ff. oder Sattler, H. (2001), S. 156ff.

[164] Dennoch lässt sich häufig als Hintergrund vieler Markentransfers eine vorausgegangene Schwächung der Markenposition im Stammproduktbereich beobachten, wie dies bspw. auch bei NIVEA oder MILKA der Fall war. Hier war der Markentransfer allerdings dennoch erfolgreich, da lediglich der Stammproduktbereich seinen Lebenszyklus überschritten hatte, das Markenimage aber noch immer positiv und auch die Markenbekanntheit hoch war. Vgl. Prick, H. J. (1989), S. 31ff.; Nauck, H. G. (1989), S. 15ff.

[165] Vgl. Hätty, H. (1989), S. 273.

[166] Vgl. Esch, F.-R. (2008), S. 63.

[167] Vgl. Völckner, F. (2003), S. 209 und S. 254.

[168] Vgl. Völckner, F. (2003), S. 44.

[169] Vgl. Zatloukal, G. (2002), S. 217; Völckner, F. (2003), S. 258.

[170] Hier wurde vermutet, dass das Vertrauen, das die Konsumenten einer starken bzw. qualitativ hochwertigen Stammmarke entgegenbringen, bei einer Marke mit einer Vielzahl vorangegangener Markentransfers höher ist als bei einer Marke mit keinen oder nur wenigen Transferprodukten. Vgl. Völckner, F. (2003), S. 67.

[171] Ein hohes Produktinvolvement führt meist zu einer umfassenden Informationssuche der Konsumenten, wodurch der Einfluss der mit der Muttermarke verbundenen Informationen (z.B. Qualitätsassoziationen oder Fit) auf die Kaufentscheidung verringert wird. Vgl. Zatloukal, G. (2002), S. 64f.

[172] Unter Innovativeness versteht man die Bereitschaft oder auch den Wunsch eines Konsumenten etwas Neues auszuprobieren. Vgl. Hirschmann, E. C. (1980), S. 283f. Im Zusammenhang mit dem Erfolg

dar, die Untersuchungen nach jedoch nur eine untergeordnete Rolle spielen und deshalb hier nicht weiter erläutert werden.[173] Des Weiteren existieren neben den hier identifizierten Erfolgsfaktoren noch andere denkbare Faktoren, die den Markentransfererfolg möglicherweise beeinflussen, bisher jedoch noch nicht empirisch untersucht wurden. Beispiele hierfür sind die Wettbewerbsintensität auf dem Markt des Transferproduktes oder auch die Differenzierungskraft, die ein Markentransfer besitzen kann.[174] Darüber hinaus zeigen sich neben den direkten Einflüssen der o.g. Größen auf den Erfolg des Transferproduktes auch einige Beziehungen zwischen diesen als statistisch signifikant und beeinflussen somit indirekt den Erfolg des Markentransfers[175].[176] Vergleichende Analysen der Wirkung o.g. Erfolgsfaktoren in unterschiedlichen Produktgruppen des FMCG-Bereichs und bei unterschiedlichen Stammmarkentypen haben gezeigt, dass die erhaltenen Ergebnisse generalisierbar sind, so dass unabhängig von der Produktgruppe und dem Stammmarkentyp ein signifikant positiver direkter Einfluss dieser Faktoren beobachtet werden kann. Der Einfluss der jeweiligen Faktoren innerhalb einzelner Produktgruppen[177] bzw. zwischen den verschiedenen Stammmarkentypen kann jedoch variieren.[178]

2.2.6 Darstellung des Markentransferprozesses

Der Markentransfer stellt, wie bereits erwähnt, eine strategische Handlungsoption dar und erfordert deshalb eine systematische Planung. Einen idealtypischen Verlauf des Planungsprozesses, der Gedanken verschiedener Ansätze[179] integriert, stellt Abbildung 9 dar:

---

      eines Markentransfers wurde vermutet, dass Nachfrager, die für Neues offen sind, auch gegenüber einem neuen Transferprodukt aufgeschlossen sind und umgekehrt. Vgl. Völckner, F. (2003), S. 60.

[173] Vgl. Völckner, F. (2003), S. 233.
[174] Vgl. Völckner, F. (2003), S. 261.
[175] Bezüglich einer genauen Darstellung des Beziehungsgeflechts der einzelnen Erfolgsfaktoren siehe Anhang 3.
[176] Vgl. Völckner, F. (2003), S. 230.
[177] Bspw. ist die Qualität der Stammmarke in der Produktkategorie Koch-, Back- und Bratzutaten besonders wichtig, wohingegen bei Süßwaren die Handelsakzeptanz von wesentlicher Bedeutung ist. Vgl. Sattler, H./ Völckner, H. (2007), S. 108.
[178] Vgl. Völckner, F./ Sattler, H. (2007), S. 156ff.
[179] Hier zu nennen sind Hätty, H. (1989), S. 139ff., Schweiger, G. (1983), S. 260ff., Sattler, H. (1997), S. 38ff., Esch, F.-R. et al. (2005), S. 917ff. und Keller, K. L. (2003), S. 601ff.

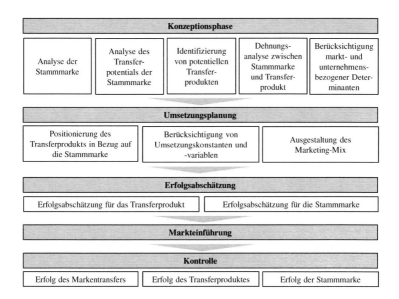

Abbildung 9: Prozess des Markentransfers
Quelle: in Anlehnung an Baumgarth (2008), S. 166.

Wie in obiger Abbildung ersichtlich, werden in einem ersten Prozessschritt, der **Konzeptionsphase**, die zu erweiternde Marke und deren Transferpotential genau analysiert und potentielle Transferprodukte ermittelt.[180] Im Anschluss daran wird eine Dehnungsanalyse zwischen der Stammmarke und den möglichen Transferprodukten durchgeführt, um letztendlich das am besten geeignete Produkt zu identifizieren. Danach gilt es, die Konkurrenzsituation auf dem neuen Markt zu analysieren und die Zielgruppe des Transferproduktes festzulegen, um so letztendlich im zweiten Prozessschritt, der **Umsetzungsplanung**, eine Positionierungsentscheidung bezüglich des neuen Produktes zu treffen. Darüber hinaus gilt es hier, unter Berücksichtigung von Umsetzungskonstanten und –variablen, die konkrete Umsetzung des Markentransfers zu planen. Hierfür werden insbesondere Überlegungen für die Ausgestaltung der einzelnen Marketing-Mix-Instrumente angestellt.[181] Der dritte Prozessschritt bezieht sich auf die ökonomische und psychographische **Erfolgsabschätzung** des Markentransfers, sowohl für das Transferprodukt als auch für die Stammmarke. Falls die verschiedenen Analysephasen

---
[180] Vgl. Baumgarth, C. (2008), S. 166.
[181] Vgl. Esch, F.-R. (2008), S. 394ff.; Esch, F.-R. et al. (2005), S. 918.

zu positiven Ergebnissen führen, kommt es im nächsten Schritt zur **Markteinführung**, bei der die geplante Ausgestaltung der Marketing-Mix-Instrumente konkret umgesetzt wird. Darüber hinaus muss parallel zur Einführung des neuen Produktes ein **Kontrollsystem** aufgebaut werden, das zum Einen den Erfolg des Transferproduktes und zum Anderen den Erfolg der Stammmarke kontrolliert. Zudem kann hier überprüft werden, ob tatsächlich ein Imagetransfer von der Stammmarke auf das Transferprodukt stattgefunden hat.[182] Welche Methoden im Einzelnen verwendet werden, um den Zielsetzungen der jeweiligen Phasen gerecht zu werden, wird in Kapitel 4 noch ausführlich erläutert.

2.3 Zwischenfazit

Die Aussagen dieses Kapitels lassen sich dahingehend zusammenfassen, dass in vorliegender Arbeit von einer wirkungsbezogenen Markendefinition ausgegangen wird, bei welcher der Konsument und seine subjektive Wahrnehmung einer Marke im Mittelpunkt stehen. Hierauf aufbauend wurde das Markenimage als die Gesamtheit der Vorstellungen eines Individuums in Bezug auf eine Marke definiert und Merkmale dargestellt, anhand derer es beschrieben werden kann. Darüber hinaus wurden der für vorliegende Arbeit essentielle Begriff der Stammmarke und weitere wichtige Termini im Zusammenhang mit einem Markentransfer präzise erläutert. Im Anschluss daran wurden die statischen Markenstrategien als Ausgangsbasis bzw. teilweise auch Ergebnis eines Markentransfers dargestellt und die Markenerweiterung selbst in die dynamischen Markenstrategien eingeordnet. Ausgehend davon wurde das Begriffsverständnis des Markentransfers detailliert geschildert und die Annahme getroffen, dass sich nachfolgende Ausführungen speziell auf eine Line und Concept Extension beziehen. Hierauf aufbauend wurden die Ziele, Chancen und Risiken eines Markentransfers erläutert. Dabei wurde speziell zwischen Chancen und Risiken für die Stammmarke und für das Transferprodukt unterschieden. Anschließend wurden Faktoren aufgezeigt, die den Erfolg des Markentransfers positiv beeinflussen können. Das Kapitel endete mit der Darstellung und knappen Erläuterung des für den weiteren Verlauf der Arbeit wichtigen Markentransferprozesses.

---

[182] Vgl. Baumgarth, C. (2008), S. 167.

3 Theoretische Imagetransfermodelle und die Bildung von Imagestrukturtypen

3.1 Begriff des Imagetransfers

Die Übertragung des Images der Stammmarke auf das Transferprodukt stellt, wie bereits erwähnt, das Ziel eines Markentransfers dar.[183] Der Begriff des Imagetransfers kennzeichnet im Gegensatz zum Markentransfer nicht den Managementprozess, sondern den angestrebten kognitiven und emotionalen Prozess der Assoziations- und Vorstellungsübertragung im Kopf der Nachfrager, bei dem mit Hilfe eines gemeinsamen Markennamens Imagebestandteile einer Stammmarke auf ein Transferprodukt übertragen werden. In umgekehrter Richtung kann es ebenso zu einer Übertragung der Imagebestandteile vom Transferprodukt auf die Stammmarke kommen, wodurch bereits vorhandene Assoziationen bezüglich der Stammmarke verstärkt werden können.[184] Den Zusammenhang zwischen Markentransfer und Imagetransfer soll nachfolgende Abbildung noch einmal verdeutlichen:

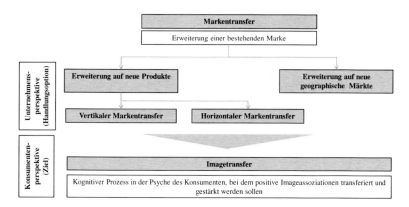

Abbildung 10: Abgrenzung des Imagetransfers vom Markentransfer
Quelle: in Anlehnung an Caspar (2002), S.29.

Entsprechend dem Imageverständnis dieser Arbeit, können durch einen Imagetransfer sowohl denotative als auch konnotative Assoziationen übertragen bzw. verstärkt wer-

---
[183] Vgl. Esch, F.-R. (2008), S. 390.
[184] Vgl. Caspar, M. (2002), S. 27f.; Schweiger, G. (1983), S. 260; Glogger, A. (1999), S. 72.

den.[185] Generell ist ein Imagetransfer sowohl in der Produktpolitik als auch in der Kommunikationspolitik möglich, wobei im Rahmen der vorliegenden Arbeit lediglich erster betrachtet wird[186].[187] Voraussetzung für die Übertragung des Stammmarkenimages auf das Transferprodukt ist der bereits erwähnte Image-Fit zwischen beiden.[188] Hier gilt: Je größer die Image-Kongruenz zwischen der etablierten Marke und dem Transferprodukt ist, desto größer ist die Wahrscheinlichkeit, dass ein Imagetransfer erfolgt und der Markentransfer positiv beurteilt wird.[189] Die im Folgenden dargestellten Modelle zeigen, wie der Fit zwischen Stammmarke und Transferprodukt gemessen werden kann und dienen im Rahmen des Markentransferprozesses der Identifizierung potentieller Transferprodukte.

3.2 Theoretische Imagetransfermodelle

3.2.1 Imagetransfermodell von SCHWEIGER

3.2.1.1 Zielsetzung und Kernaussagen des Modells

Eines der ersten und bekanntesten Modelle zum Imagetransfer auf Basis der Einstellungstheorie[190] stammt von SCHWEIGER[191]. Er definiert das Image, entgegen dem dieser Arbeit zu Grunde liegenden Verständnis, als ein System rein konnotativer Eigenschaften. Die technologischen Eigenschaften der Produkte bezieht er jedoch separat in das Modell mit ein, so dass die denotativen Ähnlichkeiten der Produkt-Marken-

---

[185] Vgl. Glogger, A. (1999), S. 72.

[186] Im Rahmen eines Imagetransfers in der Kommunikationspolitik werden Assoziationen von einem externen, d.h. nicht zum Unternehmen gehörenden und somit von diesem unabhängigen Meinungsgegenstand auf das zu profilierende Transferprodukt übertragen. Hier geht es primär darum, einer bestehenden Marke (oder einem Unternehmen) ein unverwechselbares und gegenüber dem Wettbewerb profiliertes Image zu verleihen. Vgl. Mayer, A./ Mayer, R. U. (1987), S. 34; Glogger, A. (1999), S. 73.

[187] Vgl. Nufer, G. (2007), 168ff.

[188] Vgl. Baumgarth, C. (2008), S. 159.

[189] Vgl. Park, C. W./ Milberg, S./ Lawson, R. (2005), S. 967; Sunde, L./ Brodie, R. J. (1993), S. 47.

[190] Zur verhaltenstheoretischen Fundierung des Imagetransfers mit Blick auf die Einstellungstheorie siehe Johannsen, U. (1971), S. 55, Trommsdorff, V. (1975), S. 7ff., Mazanec, J. (1978), S. 49, Freter, H. W. (1977), S. 53ff. oder auch Meffert, H./ Heinemann, G. (1990), S. 7.

[191] Das Modell ist das Ergebnis mehrerer Teilstudien, die das Ordinariat für Werbewissenschaft und Marktforschung der Wirtschaftsuniversität Wien Ende der 70er Jahre im Auftrag der ATW Austria Tabakwerke AG durchführte. Die Zielsetzung dieser Studien bestand darin, mögliche Partnerproduktgruppen für Zigarettenmarken ausfindig zu machen und zu überprüfen, inwieweit verschiedene Produkte unter einem gemeinsamen Markennamen erfolgreich angeboten werden können. Vgl. Hätty, H. (1989), S. 150; Mayerhofer, W. (1995), S. 159.

Kombinationen hier ebenso erfasst werden können.[192] Die Ausgangshypothese des Modells besagt, dass eine Marke dann Transferpotential für einen bestimmten Produktbereich besitzt, wenn ihr Image weitgehend mit dem durch die Produktkategorie geprägten Image des Transferproduktes übereinstimmt. Hierauf aufbauend entwickelte SCHWEIGER ein mehrstufiges Messverfahren, mit dessen Hilfe mögliche Image-Kongruenzen zwischen Stammmarken- und Transferproduktimage ausgemacht werden können.[193] Das Modell lässt sich graphisch wie folgt darstellen:

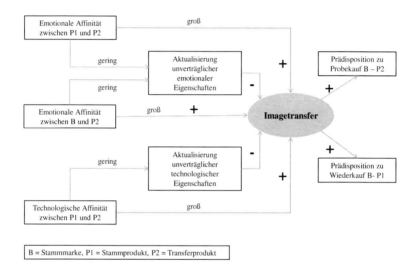

Abbildung 11: Imagetransfermodell von SCHWEIGER
Quelle: in Anlehnung an Schweiger (1982), S. 322.

Zur Ermittlung der o.g. Image-Kongruenzen verwendet SCHWEIGER ein Distanzmaß in einem mehrdimensionalen Raum, so dass die räumliche Nähe des Stammproduktes P1 und des Transferproduktes P2 deren sog. **emotionale und technologische Affinität**[194] widerspiegelt. Darüber hinaus drückt die Distanz zwischen der Stammmarke B und dem Transferprodukt P2 die Eignung der etablierten Marke für das neue Produkt aus, indem

---

[192] Vgl. Caspar (2002), S. 105.
[193] Vgl. Hätty, H. (1989), S. 148.
[194] Unter Affinität wird allgemein die Wesensverwandtschaft von Begriffen und Vorstellungen verstanden. Vgl. http://lexikon.meyers.de/meyers/Affinit%C3%A4t (25.07.2008).

sie deren **emotionale Affinität** reflektiert. Prinzipiell gilt: Je geringer die jeweilige Distanz ist, desto höher ist die Affinität und desto wahrscheinlicher wird ein Imagetransfer stattfinden.[195] Eine mangelnde emotionale bzw. technologische Affinität aktualisiert[196] unverträgliche emotionale bzw. technologische Eigenschaften, wodurch der Imagetransfer verhindert wird oder unpassende Eigenschaften transferiert werden[197]. Darüber hinaus sind zwei Produktklassen desto besser für einen Imagetransfer geeignet, je mehr Konsumenten es gibt, die in beiden Produktklassen Verwender sind.[198] Ein gelungener Imagetransfer äußert sich in einer hohen Bereitschaft für den Probekauf des Transferproduktes P2 bzw. den Wiederkauf des Stammproduktes P1. Zudem kann der Erfolg des Imagetransfers auch durch eine Befragung ermittelt werden, indem erhoben wird, inwiefern der Proband die Gleichheit des Markennamens als zufällig ansieht und wie prägnant sich das Markenbild B-P2 des Transferproduktes für ihn darstellt. Für ersteres gilt: Je höher die wahrgenommene Zufälligkeit ist, desto weniger wurde von dem Image der Stammmarke auf das Transferprodukt übertragen. Im zweiten Fall zeigt sich, dass der Imagetransfer umso erfolgreicher war, je prägnanter das Markenbild für den Probanden ist.[199]

3.2.1.2 Kritische Beurteilung des Modells

Das dargestellte Modell von SCHWEIGER scheint auf den ersten Blick durchaus plausibel, es besitzt jedoch auch einige essentielle Nachteile, die dessen Nutzung erheblich einschränken. So kritisiert bspw. HÄTTY die **theoretische Fundierung** des Modells, indem er die Zweckmäßigkeit der dem Modell zu Grunde liegenden Imagedefinition in Frage stellt.[200] Auch ESCH sieht die Trennung in konnotative und denotative Eigenschaften als fraglich an, da sich das Image einer Marke grundsätzlich ganzheitlich bildet. Geht man von einer solchen Trennung aus, müsste die technologische Affinität immer in einem

---

[195] Vgl. Schweiger, G. (1982), S. 322.

[196] Das von SCHWEIGER hier verwendete Verb ‚aktualisieren' bedeutet in diesem Zusammenhang ‚stärken' oder auch ‚stimulieren'.

[197] Ein Beispiel hierfür sind die Produkte Zigaretten und Parfum, die nicht affin sind. Daher werden emotionale Imagebestandteile einer Zigarettenmarke (z.B. FLIRT), die für Damenparfum geeignet wären (z.B. ‚verführerisch'), nicht übertragen oder aber der Imagetransfer findet statt und es werden unpassende technologische Eigenschaften von der Zigarette auf das Parfum übertragen (z.B. ‚das Parfum riecht nach Zigarettenrauch'). Vgl. Schweiger, G. (1982), S. 321f.

[198] Vgl. Schweiger, G. (1983), S. 261f.

[199] Vgl. Schweiger, G. (1982), S. 322.

[200] Vgl. Hätty, H. (1989), S. 169.

bestimmten Maße vorhanden sein, damit der Imagetransfer erfolgreich sein kann. Diese Forderung ist gerade bei emotional geprägten Marken nicht haltbar[201].[202] Darüber hinaus wird der dem Modell ebenfalls zugrunde liegende, getrennte emotionale und technologische Vergleich von Produkt und Marke als kritisch angesehen, da hierdurch die Integriertheit[203] von Images vernachlässigt wird.[204] Zudem kann die statische und vergangenheitsorientierte Betrachtungsweise des Modells in Bezug auf die Imageausprägungen bemängelt werden, da hierdurch übersehen wird, dass für einen erfolgreichen Imagetransfer im Voraus durchaus Image- bzw. Positionierungsänderungen durchgeführt werden können. Als weiterer wichtiger Kritikpunkt kann die vorausgesetzte Existenz eines gemeinsamen psychologischen Produkt-Marken-Raums angesehen werden, durch die der Vergleich von Images extrem unterschiedlicher Produkte und Marken nicht möglich ist[205]. Darüber hinaus beanspruchen die Modellaussagen Allgemeingültigkeit, was jedoch aufgrund der hierfür erforderlichen **empirische Validität** nicht zulässig ist. Eine Übertragung der Aussagen auf andere Produktbereiche ist hier nicht ohne Weiteres möglich, da als Untersuchungsobjekt Zigaretten verwendet wurden, die per se stark emotional aufgeladen sind.[206] Auch MEFFERT/ HEINEMANN kritisieren das Modell und bemängeln, dass das Zustandekommen des Markenimages trotz seiner überragenden Bedeutung von einer genaueren Betrachtung ausgeschlossen und sozusagen als ‚Black Box' betrachtet werde.[207] Zudem sei die aus dem Modell resultierende Folgerung, dass Konsumenten sowohl in der Produktklasse der Stammmarke als auch in der Produktklasse des Transferproduktes Verwender sein sollten, sehr einengend, v.a. in Anbetracht der Tatsache, dass ein Markentransfer auch die Ansprache neuer Konsumen-

---

[201] Ein Beispiel hierfür sind Joop!-Uhren, -Brillen und –Parfum. Vgl. Esch, F.-R. (2008), S. 408.

[202] Vgl. Esch, F.-R. (2008), S. 408.

[203] Unter der Integriertheit von Images wird die Verflechtung des Images mit objektiven Beschaffenheiten des Produktes verstanden. Diese führt letztendlich dazu, dass Produkt und Marke als eine Einheit betrachtet werden müssen. Vgl. Spiegel, B./ Nowak, H. (1974), S. 967f.

[204] Vgl. Meffert, H./ Heinemann, G. (1990), S. 6.

[205] Ein gemeinsamer psychologischer Produkt-Marken-Raum stellt jedoch keinesfalls eine Bedingung für die Transfertauglichkeit einer Marke dar, da sich die Konsumenten vielmehr nur vorstellen können müssen, dass ein bestimmter Transfer möglich ist. Hierfür ist es lediglich notwendig, dass sie entsprechende Anknüpfungspunkte identifizieren können. Ein Beispiel in diesem Zusammenhang ist die Marke PORSCHE, die ex ante keine Gemeinsamkeiten mit der Produktkategorie Brillen hatte, Konsumenten sich aber offensichtlich auch sportliche Brillen vorstellen können. Dies führt letztlich dazu, dass für sie auch der Kauf einer PORSCHE-Brille in Frage kommt, da die Marke ein sportliches und für Brillen ebenfalls kaufrelevantes Image besitzt. Vgl. Esch, F.-R. et al. (2005), S. 932.

[206] Vgl. Hätty, H. (1989), S. 169ff.

[207] Vgl. Meffert, H./ Heinemann, G. (1990), S. 6.

tengruppen ermöglichen solle.²⁰⁸ Hinsichtlich der von SCHWEIGER vorgeschlagenen **Indikatoren** zur Überprüfung des Imagetransfers ist außerdem zu bemängeln, dass diese keinesfalls eindeutig sind. Der Grund hierfür ist die Tatsache, dass selbst wenn der Markenname von Stamm- und Transferprodukt nicht als zufällig gleich angesehen wird, dennoch kein Imagetransfer stattgefunden haben muss. In diesem Fall ist es auch möglich, dass der Konsument den Markentransfer lediglich als solchen wahrgenommen hat, ohne jedoch das Image der Stammmarke auf das Transferprodukt zu übertragen. Weiterhin sagt auch eine hohe Imageprägnanz des Transferproduktes noch nichts darüber aus, ob tatsächlich ein Imagetransfer stattgefunden hat, da hier nicht erkenntlich wird, inwiefern sich die Images von Stammmarke und Transferprodukt tatsächlich ähneln.²⁰⁹

3.2.2 Distanzmodell von MEFFERT / HEINEMANN

3.2.2.1 Zielsetzung und Kernaussagen des Modells

Ausgehend von diesen Kritikpunkten entwickelten MEFFERT/ HEINEMANN ebenfalls auf Basis der Einstellungstheorie ein Imagetransfermodell, das sich eng an das Idealpunktmodell von TROMMSDORFF²¹⁰ anlehnt. Ziel des Modells ist es ebenfalls, die Imagetransfertauglichkeit eines neuen Produktes für eine bereits etablierte Marke zu messen. Dies geschieht hier durch die Betrachtung der Distanz eines bestehenden Produkt-Marken-Konzeptes zu einem hypothetischen Produkt-Marken-Konzept gleichen Markennamens in einem Imageraum mit konnotativen und denotativen Produkteigenschaften²¹¹. Hier gilt: Je kleiner die ermittelte Distanz ist, desto größer ist die Imagetransfertauglichkeit des neuen Produktes und damit auch das transferierbare Volumen an Imagebestandteilen.²¹² Das positive Image eines bestehenden Produkt-Marken-Konzeptes stellt den Ausgangspunkt des Imagetransfers dar. Um die Distanz zwischen dem positiven Image

---

[208] Vgl. Esch, F.-R. (2008), S. 408.

[209] Vgl. Hätty, H. (1989), S. 168.

[210] Für genauere Informationen bezüglich des Idealpunktmodells von TROMMSDORFF siehe Trommsdorff, V. (1975), S. 72ff.

[211] Bisherige Einstellungsmodelle ermitteln im Gegensatz dazu lediglich die Gesamteinstellung von Konsumenten gegenüber einer Marke, indem die einzelnen Distanzen zwischen der subjektiven, hypothetischen Idealausprägung und den Realausprägungen einer Marke verrechnet werden. Vgl. Freter, H. W. (1976), S. 10ff. Für genauere Informationen bezüglich der Messung von Einstellungen siehe Herkner, W. (2001), S. 181ff.

[212] Vgl. Meffert, H./ Heinemann, G. (1990), S. 7f.

eines hypothetischen neuen Konzeptes mit gleichem Markennamen ermitteln zu können, werden indirekt erhobene Eindrucksideale[213] als Ausgangsbasis herangezogen[214]:

$$IT_{ijN} = \sum_{k=1}^{n} I_{ijkA} - H_{ijkN}$$

IT_{ijN} = Imagetransfertauglichkeit des neuen Produktes N in Bezug auf das positive Image der Marke j, ermittelt beim Käufer i.

I_{ijkA} = Als Eindrucksideal ermittelte, positive Einstellung des Käufers i in Bezug auf die Marke j beim einstellungsrelevanten Merkmal k des bisherigen Produktes A.

H_{ijkN} = Die von demselben Konsumenten i in Bezug auf das Merkmal k eingeschätzte Ausprägung beim hypothetischen neuen Produkt N gleichen Markennamens j.

Insbesondere die in Bezug auf alle Käufer ermittelte durchschnittliche Imagetransfertauglichkeit IT_{jN} ist hier von Interesse:

$$IT_{jN} = \frac{1}{n} \sum_{i=1}^{n} IT_{ijN}$$

mit n = Anzahl der befragten Käufer.

Die Imagetransfertauglichkeit kann getrennt nach denotativen und konnotativen Merkmalen ermittelt werden. Durch die Messung der Eindrucksausprägungen des hypothetischen Produkt-Marken-Konzeptes werden Möglichkeiten der Einstellungsbeeinflussung auf kognitiver Ebene erkennbar (sog. Vorstellungsbeeinflussung). Die Messung der positiven Einstellung als Eindrucksideale zeigt hingegen Möglichkeiten auf, das Bewertungssystem und damit die motivationale Komponente zu beeinflussen (sog. Präferenzbeeinflussung). Durch eine günstige Beeinflussung kann die Distanz im Modell verklei-

---

[213] Bei einer indirekten Messung der Eindrucksideale wird nach den Ausprägungen der Marke gefragt, die vom Befragten präferiert wird. Hierdurch erhält man einen objektiven Bezugspunkt, der zwar den marketingspezifischen Aussagewert der Einstellungsmessung reduziert, es gleichzeitig aber auch ermöglicht, dass die bisherigen Distanzmodelle als Grundlage für die Entwicklung eines operationalen Imagetransfermodells herangezogen werden können. Vgl. Meffert, H./ Heinemann, G. (1990), S. 7f.

[214] Für das Modell gelten die Annahmen der bisherigen Distanzmodelle in etwa analog. Vgl. Meffert, H./ Heinemann, G. (1990), S. 8. Für genauere Informationen diesbezüglich siehe Trommsdorff, V. (1975), S. 72ff.

nert und die Imagetransfertauglichkeit eines Produktes erhöht werden[215]. Nachfolgende Abbildung zeigt beispielhaft ein vorhandenes Produkt-Marken-Konzept A (mit positivem Image) und sieben hypothetisch neue Produkt-Marken-Konzepte N_i (j= 1,..., 7) mit dem gleichen Markennamen, dargestellt im beschriebenen Imageraum[216]:

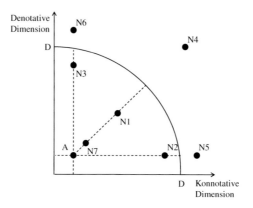

Abbildung 12: Darstellung von Produkt-Marken-Konzepten im Imageraum
Quelle: in Anlehnung an Meffert/ Heinemann (1990), S. 9.

Die Möglichkeit des Imagetransfers ist grundsätzlich nur gegeben, wenn die Höchstdistanz D, dargestellt als eine mit gleichmäßiger Entfernung um A gezogene Linie, unterschritten wird. Diese begrenzt den Imagetransfertauglichkeitsbereich, so dass ab dem Punkt D keine denotativen und konnotativen Affinitäten zwischen dem bestehenden und den hypothetischen Produkt-Marken-Konzepten mehr vorhanden sind. In vorliegender Abbildung befinden sich daher die Beziehungen A-N_4, -N_5 und -N_6 außerhalb des Transfertauglichkeitsbereichs[217]. Wird die Entfernung D hingegen unterschritten, liegen

---

[215] Folgende Annahmen werden bei dieser Art der Messung und Verknüpfung unterstellt: Additivitätsprämisse, Linearitätsprämisse, Kompensationsprämisse. Vgl. Meffert, H./ Heinemann, G. (1990), S. 8. Für genauere Informationen zu den einzelnen Prämissen siehe Freter, H. W. (1976), S. 9. Die Ermittlung der Imagetransferwahrscheinlichkeit wurde bei obigen Ausführungen nicht betrachtet. Für genauere Informationen diesbezüglich siehe Anhang 2.

[216] Die Ermittlung der Positionen erfolgt anhand des Imagetransfermodells, indem individuelle Werte miteinander verknüpft werden. Die Eindruckswerte einzelner Eigenschaften werden zu konnotativen bzw. denotativen Gesamtwerten addiert und anschließend durch die Anzahl aller befragten Käufer dividiert, um letztendlich Mittelwerte zu erhalten. Die Distanzen zwischen A und N_i ergeben sich demzufolge durch die Aggregation der Differenzen der einzelnen gemessenen Eigenschaften. Vgl. Meffert, H./ Heinemann, G. (1990), S. 9.

[217] N_5 weist zwar eine denotative und N_6 eine konnotative Übereinstimmung mit A auf, da die konnotativen (N_5) bzw. denotativen (N_6) Differenzen jedoch zu groß sind, liegen die beiden Produkt-Marken-

Transferachsen vor, durch welche die generelle Möglichkeit der Übertragung von Imagebestandteilen gegeben ist. Dies ist in oben skizziertem Beispiel bei den Beziehungen A-N_1, -N_2, -N_3 und -N_7 der Fall[218].[219]

3.2.2.2 Kritische Beurteilung des Modells

Prinzipiell liefert das Distanzmodell von MEFFERT/ HEINEMANN einen einstellungs- bzw. verhaltenstheoretisch fundierten Beitrag zur Operationalisierung und Systematisierung des Imagetransfers. Ein wesentlicher Vorteil besteht v.a. in der auf denotativer und konnotativer Ebene getrennten Ermittlung der Imagetransfertauglichkeit. Diese Vorgehensweise liefert Ansatzpunkte zur kommunikativen Einstellungsbeeinflussung sowohl nach kognitiven als auch nach motivationalen Gesichtspunkten, um so die Transfertauglichkeit eines Produktes zu erhöhen.

Gleichzeitig führt diese **Trennung** jedoch auch zu der Problematik, dass für jedes Produkt entschieden werden muss, ob ein bestimmtes Item sachhaltig oder nicht-sachhaltig ist.[220] Des Weiteren ist kritisch anzumerken, dass die **Rückübertragung** positiver Imagebestandteile des Transferproduktes auf die Stammmarke nicht berücksichtigt wird.[221] Darüber hinaus fließen in dem Modell alle erfassten Eigenschaften in die **Beurteilung** der Imagetransfertauglichkeit ein, was in der Realität jedoch keineswegs erforderlich ist. Hier kann vielmehr auch nur ein zentrales, markenspezifisches Kriterium Auswirkungen auf die Beurteilung eines Markentransfers haben.[222] Somit kann entgegen der dem Modell zu Grunde liegenden Annahme nicht davon ausgegangen werden, dass sich Eigenschaften kompensieren können.[223] Stattdessen kann es aus Sicht der Konsumenten sogar

---

Konzepte dennoch außerhalb des Imagetransfertauglichkeitsbereichs. Vgl. Meffert, H./ Heinemann, G. (1990), S. 9.

[218] A-N_3: Es liegt eine konnotative Übereinstimmung und denotative Differenzierung vor.

A-N_2: Es liegt eine denotative Übereinstimmung und konnotative Differenzierung vor.

A-N_1: Es liegen mittlere denotative und konnotative Differenzen vor. Es besteht aufgrund der Aggregation von Einzelwerten die Möglichkeit, dass einzelne Eigenschaften übereinstimmen.

A-N_7: Es liegt eine denotative und konnotative Übereinstimmung vor.

Vgl. Meffert, H./ Heinemann, G. (1990), S. 9.

[219] Vgl. Meffert, H./ Heinemann, G. (1990), S. 6f.

[220] Vgl. Nufer, G. (2007), S. 181f.

[221] Vgl. Meffert, H./ Heinemann, G. (1990), S. 9.

[222] Vgl. Broniarczyk, S. M./ Alba, J. W. (1994), S. 215; Murphy, G. L./ Medin, D. L. (1985), S. 289f.

[223] Vgl. Esch, F.-R. et al. (2005), S. 934.

bestimmte ‚Knock-Out'-Kriterien geben, die sich durch keine anderen Eigenschaften aufwiegen lassen.[224] Des Weiteren werden in dem Modell **einwertige Beziehungen** zwischen Marke und Eigenschaft sowie Produkt und Eigenschaft angenommen. Tatsächlich handelt es sich jedoch um stark verästelte Netzwerkbeziehungen, so dass diese Darstellung letztendlich zu stark vereinfacht ist. Darüber hinaus kritisieren ESCH ET AL., dass bei unterschiedlichen Personen und Transferprodukten auch vollkommen andere **Eigenschaften** für die Analyse relevant sein können, was das vorliegende Modell wiederum nur schwer berücksichtigen kann.[225] Weiterhin ist durch die reine Affinitätsmessung keine Aussage darüber möglich, ob und in welchem Umfang die übereinstimmenden **Imagebestandteile** im neuen Kontext überhaupt positiv beurteilt werden.[226] Zudem erklären MEFFERT/ HEINEMANN nicht woher die verwendete **Höchstdistanz D** stammt. Außerdem wäre es sinnvoller, von einer ungleichen Gewichtung zwischen der denotativen und der konnotativen Dimension auszugehen, so dass statt eines Kreises eine **Ellipse** eingezeichnet werden würde. Grund hierfür ist die Annahme, dass denotative Kriterien weniger belastbar sind und somit auch weniger ausgedehnt werden können als konnotative.[227]

3.2.3 Gedächtnispsychologisches Erklärungsmodell von ESCH

3.2.3.1 Zielsetzung und Kernaussagen des Modells

Das Erklärungsmodell von ESCH versucht die oben angeführten Probleme des Distanzmodells zu lösen.[228] Es baut im Gegensatz zu den beiden vorherigen Modellen nicht auf der Einstellungstheorie auf, sondern basiert auf gedächtnistheoretischen Schema- und Kategorisierungstheorien. Diese ermöglichen es, die kognitiven und emotionalen Prozesse bei der Imageübertragung abzubilden und so den Einfluss verschiedener Bestimmungsgrößen auf den Imagetransfer theoretisch anschaulich zu erklären.[229] Sie stehen nicht im Widerspruch zu den einstellungstheoretischen Konzepten, sondern stellen

---

[224] Vgl. Esch, F.-R. (2008), S. 409.
[225] Vgl. Esch, F.-R. et al. (2005), S. 934.
[226] Vgl. Caspar, M. (2002), S. 108.
[227] Vgl. Mayerhofer, W. (1995), S. 172.
[228] Vgl. Esch, F.-R. (2008), S. 410.
[229] Vgl. Caspar, M./ Burmann, C. (2005), S. 253.

lediglich eine andere Sichtweise dar, die auch als theoretische Grundlage der Einstellungstheorien dienen kann.[230]

Im Mittelpunkt des gedächtnispsychologischen Erklärungsmodells von ESCH stehen, wie in nachfolgender Abbildung ersichtlich, einerseits Gedächtnisstrukturen und Verarbeitungsprozesse und andererseits auch das Involvement des Konsumenten:

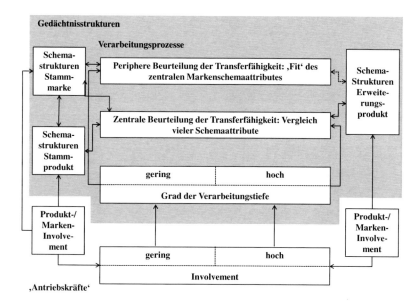

Abbildung 13: Gedächtnispsychologisches Erklärungsmodell
Quelle: in Anlehnung an Esch et al. (2005), S. 936.

Ziel des Modells ist die Prüfung der Imagetransfertauglichkeit eines Produktes. Dies geschieht auf Basis eines Kategorievergleichs, bei dem Informationen zu einer etablierten Marke mit Informationen zu einem möglichen Transferprodukt verknüpft werden. Für einen erfolgreichen Imagetransfer muss das **Markenschema**[231] der Stammmarke um die Eigenschaften des Transferproduktes ergänzt werden.[232]

---

[230] Vgl. Grunert, K. G. (1982), S. 13.

[231] Unter einem Schema wird eine große, komplexe Wissenseinheit verstanden, die typische Eigenschaften und standardisierte Vorstellungen von Objekten, Ereignissen und Situationen umfasst. Vgl. Esch, F.-R. (2006), S. 85. Schemata umfassen emotionale und kognitive Sachverhalte bezüglich einer Marke, die bildlich oder sprachlich repräsentiert sein können und bestimmen, wie Informationen zur

Schemata lassen sich durch semantische Netzwerkmodelle darstellen, für deren Ermittlung entsprechende Assoziationsverfahren angewandt werden. Hierbei ist zu beachten, dass diese in dualer Form ablaufen, so dass dem Konsumenten einmal die Marke[233] und einmal die Produktkategorie[234] als Reiz vorgegeben wird. Dies ist von Bedeutung, da die Verarbeitungsprozesse im Kopf des Konsumenten stark von den jeweiligen Marken- und Produktschemata beeinflusst werden.[235] Um die Informationen zu einem neuen Produkt mit denen der bereits etablierten Marke zu verknüpfen, nimmt der Konsument gedanklich eine **Kategorisierung**[236] dieser Informationen vor. Anschließend vergleicht er diese mit den bereits vorhandenen Informationen zur Stammmarke und verbindet sie im Falle einer Kongruenz miteinander[237]. Die Vorstellungen des Konsumenten zu einer Marke werden dabei auch durch die Schemastrukturen der unter ihr geführten Produkte beeinflusst, so dass Marken, die aufgrund vorangegangener Transfers bereits über eine breite Produktpalette verfügen, leichter erweitert werden können. Dies liegt darin begründet, dass sich die gespeicherten Vorstellungen zu der jeweiligen Marke durch die vorherigen Markentransfers bereits vergrößert haben, was einen zusätzlichen Markentransfer potentiell begünstigt.[238] Darüber hinaus können eine hohe Markenbekanntheit und dem Konsumenten geläufige Eigenschaften seinen gedanklichen Rückgriff auf ein

---

Marke oder zum Produkt aufgenommen, verarbeitet und gespeichert werden. Vgl. Esch, F.-R. et al. (2005), S. 921. Hierdurch üben sie letztendlich einen zentralen Einfluss auf das (Kauf-) Verhalten des Konsumenten aus, so dass der Aufbau starker Schemata von besonderer Bedeutung für den Marken- bzw. Produkterfolg ist. Vgl. Esch, F.-R. (2008), S. 23. Für genauere Informationen zur Schematheorie siehe Herkner, W. (2001), S. 169ff., Esch, F.-R. (2006), S. 85ff. oder Steffen, D. (2006), S. 47ff.

[232] Vgl. Esch, F.-R. (2008), S. 410ff.

[233] Hier könnte bspw. in Bezug auf die Marke MILKA gefragt werden: „Bitte denken Sie einmal an die Marke MILKA. Können Sie sich einen MILKA-Joghurt vorstellen? Welche Gedanken, Vorstellungen und Bilder gehen Ihnen durch den Kopf, wenn Sie an einen solchen MILKA-Joghurt denken?" Vgl. Esch, F.-R. (2008), S. 413.

[234] Hier könnte bspw., wieder bezogen auf die Marke MILKA, gefragt werden: „Denken Sie bitte einmal an Joghurt. Können Sie sich einen MILKA-Joghurt vorstellen? Welche Gedanken, Vorstellungen und Bilder gehen Ihnen durch den Kopf, wenn Sie an einen solchen MILKA-Joghurt denken?" Vgl. Esch, F.-R. (2008), S. 413.

[235] Vgl. Esch, F.-R. (2008), S. 62 und 413f.

[236] Für genauere Informationen zur Kategorisierungstheorie siehe Cohen, J. B./ Basu, K. (1987), S. 455ff.

[237] Bei der Vorlage eines potentiellen Transferproduktes wird der Name der Stammmarke und der des potentiellen Transferproduktes im Marken- und Transferproduktschema des Konsumenten aktiviert. Dem Modell der sich ausbreitenden Aktivierung folgend, breitet sich diese Aktivierung in seinen semantischen Netzen zur Marke und zum potentiellen Transferprodukt aus, so dass die Anzahl der Vorstellungen innerhalb eines Schemas wächst. Vgl. Kroeber-Riel, W./ Weinberg, P. (2003), S. 227. Der Aktivierungsgrad ist wesentlich vom Involvement des Konsumenten abhängig. Vgl. Esch, F.-R. (2006), 114.

[238] Vgl. Dacin, P. A./ Smith, D. C. (2001), S. 876.

gespeichertes Marken- bzw. Produktschema erleichtern und somit ebenfalls den Imagetransfer positiv beeinflussen. Wie stark ein Marken- bzw. Produktschema ausgeprägt ist, wird maßgeblich durch das jeweilige **Produkt- bzw. Markeninvolvement**[239] des Konsumenten bestimmt. Ist dieses hoch, wird auch sein Marken- bzw. Produktschema besonders stark strukturiert sein, da der Konsument in diesem Fall über sehr viele differenzierte Informationen zu der Marke bzw. dem Produkt verfügt. Ist der Konsument hingegen nur gering involviert, ist sein Marken- bzw. Produktschema weniger klar gegliedert. Er hat zwar besonders wichtige Aspekte zu einer Marke bzw. einem Produkt gespeichert, verfügt hier aber über kein besonders tiefgehendes Wissen. Darüber hinaus hängt auch der **Ablauf des Kategorievergleichs** vom Involvement des Konsumenten ab. Das Engagement, mit dem er sich einem Markentransfer widmet, bestimmt die Stärke und den Umfang der gedanklichen Verfügbarkeit der Schemastrukturen. So ist im Falle eines geringen Involvements der Verarbeitungsprozess bei der Beurteilung eines Markentransfers eher schwach ausgeprägt.[240] Der Kategorievergleich zwischen der etablierten Marke und dem Transferprodukt erfolgt hier nur oberflächlich und mit einer geringen Verarbeitungstiefe, so dass der Konsument bei der Beurteilung der Imagetransfertauglichkeit der etablierten Marke auf das neue Produkt lediglich hervorstechende Markenschemaattribute berücksichtigt (sog. **peripherer Vergleich**).[241] Wird hier eine starke Attributkongruenz wahrgenommen, ist der Markentransfer auf das entsprechende Transferprodukt durchführbar.[242] Ist der Konsument hingegen stark involviert, erfolgt ein sog. **zentraler Vergleich** zwischen der Stammmarke und dem Transferprodukt. In diesem Fall ist die Verarbeitungstiefe hoch und zur Beurteilung des Markentransfers werden viele Schemaattribute herangezogen, um den Fit bzw. die Attributkongruenz zu prüfen. Die Akzeptanz des Konsumenten bezüglich eines Transferproduktes steigt hier mit der Anzahl wahrgenommener Gemeinsamkeiten[243].[244]

---

[239] Unter Involvement wird das Engagement verstanden, mit dem sich eine Person einer Sache widmet. Das Engagement des Konsumenten hängt von seinem wahrgenommenen funktionalen, finanziellen und sozialen Risiko ab und kann sowohl hoch oder niedrig als auch emotional oder kognitiv ausgeprägt sein. Vgl. Kroeber-Riel, W./ Weinberg, P. (2003), S. 370ff.; Jeck-Schlottmann, G. (1998), S. 33ff.

[240] Vgl. Esch, F.-R. (2008), S. 411f.

[241] Vgl. Petty, R. E./ Cacioppo, J. T. (1983), S. 4.; Esch, F.-R. (2006), S. 115.

[242] Vgl. Esch, F.-R. (2008), S. 412f.

[243] Abhängig vom Involvement und Produktwissen laufen diese beiden Arten von Vergleichen auch kombiniert ab, so dass zuerst der ganzheitliche Vergleich und im Anschluss daran, wenn genauer zu untersuchende Abweichungen zwischen den Vergleichskategorien festgestellt werden, der exakte, ei-

3.2.3.2 Kritische Beurteilung des Modells

Aufgrund der relativen Neuheit des Modells existiert in der Literatur für dieses bisher noch keine kritische Würdigung[245]. Positiv kann jedoch beurteilt werden, dass ESCH bei der Bildung der Marken- bzw. Produktschemata sowohl denotative als auch konnotative Eigenschaften berücksichtigt und somit das **Image**, entsprechend der dieser Arbeit zugrunde liegenden Definition, ganzheitlich erfasst. Außerdem wird anhand der ermittelten Schemata erkennbar, wie ein bestimmtes Markenimage zustande kommt, so dass dieses letztendlich keine ‚Black Box' mehr darstellt. Zudem können hierdurch auch Ansatzpunkte zur kommunikativen Einstellungsbeeinflussung sowohl auf kognitiver als auch auf motivationaler Ebene ausfindig gemacht werden. Darüber hinaus werden Marke und Produkt in dem Modell als eine **Einheit** angesehen, da das Schema einer Marke ebenfalls durch die unter ihr geführten Produkte geprägt wird. Zudem werden die **Beziehunge**n zwischen Marke und Eigenschaft bzw. Produkt und Eigenschaft nicht als einwertig betrachtet, sondern die Darstellung als Schemata berücksichtigt die stark verästelten Beziehungen zwischen diesen. Des Weiteren ermöglicht das Modell auch einen **Vergleich** extrem unterschiedlicher Produkte, da diesbezüglich keine Restriktionen bestehen.

Kritisch ist hier jedoch zu sehen, dass auch dieses Modell lediglich eine Aussage bezüglich der statischen **Deckungsgleichheit** von Marken- und Produktimages zulässt und nicht darüber, ob im Falle einer Markenerweiterung tatsächlich ein Imagetransfer zu Stande kommt oder die Übereinstimmung nur auf einem Zufall basiert. Außerdem stellen **Schemata** keine statischen Gebilde dar, sondern sie unterliegen durch die Aufnahme neuer Informationen einer ständigen Veränderung, wodurch auch die Kongruenz bestimmter Attribute variieren kann. Darüber hinaus wird es aufgrund der **Assoziationsvielfalt** vermutlich schwierig sein, ein einheitliches Marken- bzw. Produktschema für eine Marke bzw. ein Produkt zu ermitteln. Hier besteht daher die Gefahr, dass evtl. falsche Schlussfolgerungen bezüglich der Attributkongruenz und damit auch der Durchführung des Markentransfers gezogen werden. Zudem kann durch das Modell zwar ein **Fit** zwischen bestimmten Eigenschaften konstatiert werden, der aber noch keine Aussa-

---

genschaftsbezogene Vergleich durchgeführt wird. Vgl. Bräutigam, S./ Esch, F.-R. (2001) zitiert nach Esch, F.-R. (2008), S. 413.

[244] Vgl. Cacioppo, J. T./ Petty, R. E (1985), S. 94; Esch, F.-R. (2006), S. 115; Esch, F.-R. (2008), S. 413.

[245] Diese Aussage basiert auf bestem Wissen der Autorin.

ge darüber zulässt, ob und in welchem Umfang diese Imagebestandteile im neuen Kontext tatsächlich als vorteilhaft beurteilt werden. Dies muss vor der Entscheidung für einen Markentransfer in jedem Fall noch separat geprüft werden. Weiterhin tendieren Konsumenten im Falle von **Informationslücken** bei der Kategorisierung der Informationen zu dem Transferprodukt dazu, diese Lücken mit Attributen der Stammmarke zu schließen,[246] was zu einem zu positiv bewerteten Fit führen kann.

3.3 Bildung von Imagestrukturtypen nach HÄTTY

3.3.1 Zielsetzung und Kernaussagen des Ansatzes

Einen bis heute wichtigen Beitrag zur Systematisierung der Imagetransferforschung lieferte HÄTTY im Jahre 1989.[247] HÄTTY geht davon aus, dass das Image einer Marke durch die Wissensinhalte geprägt wird, die primär mit ihr assoziiert werden. Darüber hinaus unterstellt er die Existenz unterschiedlicher Wissensarten, die in einem semantischen Netzwerkmodell dargestellt werden können, und auf deren Basis sich verschiedene Imagestrukturtypen bilden lassen.[248] Dies erfolgt mittels einer im Marketing durchaus üblichen Vorgehensweise, indem Markenimages vergleichbarer Struktur zu bestimmten Gruppen zusammengefasst werden.[249] Diese Gruppen repräsentieren die jeweiligen Imagestrukturtypen, wobei HÄTTY hier zwischen einem produkt-, einem nutzen- und einem verwendergruppengeprägten Imagestrukturtyp unterscheidet. Erster und zweiter werden als fundamentale Grundformen der Imagestrukturtypen bezeichnet. Der verwendergruppengeprägte Imagestrukturtyp stellt dagegen einen Spezialfall dar, da er neben seiner genannten Ausrichtung zugleich auch immer entweder produkt- oder nutzengeprägt ist. Prinzipiell sind die Imagestrukturtypen der Ausdruck marketingpolitischer Maßnahmen und das Ergebnis der vom Unternehmen verfolgten Positionierungsstrategie[250].[251]

Charakteristisch für ein **produktgeprägtes Markenimage** ist eine enge Produkt-Marken-Bindung. Hier kommt es im Idealfall sogar zu einer Gleichsetzung von Produkt

---

[246] Vgl. MacInnis, D./ Nakamoto, K. (1991), S. 8.
[247] Vgl. Mayerhofer, W. (1995), S. 172.
[248] Vgl. Hätty, H. (1989), S. 201.
[249] Vgl. Hätty, H. (1989), S. 192.
[250] Für alternative Positionierungsstrategien siehe Wind, Y. J. (1982), S. 79ff oder Aaker, D. A./ Shansby, G. J. (1982), S. 57f.
[251] Vgl. Hätty, H. (1989), S. 201f.

und Marke, so dass nicht nur die Marke mit dem Produkt, sondern auch die Produktkategorie mit der Marke verbunden wird, und damit die Wahrscheinlichkeit der Markenwahl steigt.²⁵² Eine solche starke Markenbindung liegt v.a. dann vor, wenn sich der Markenname im Laufe der Zeit zu einem Gattungsnamen entwickelt hat (z.B. TEMPO, UHU, TESA) oder dieser unmittelbar auf die Produktkategorie hindeutet (z.B. BADEDAS, FUßFRISCH, KÖNIGS-PILSENER). Darüber hinaus kann ein produktgeprägtes Markenimage auch durch eine kontinuierlich starke Werbeansprache erzeugt werden, welche die Leistung der Marke in Bezug auf die für die Produktklasse besonders wichtigen denotativen Produkteigenschaften betont (z.B. bei einem Reinigungsmittel die Botschaft ‚macht spiegelblank'). Weiterhin hängt der assoziative Zusammenhang zwischen einer Produktkategorie und einer Marke auch vom Markentypus ab, so dass bspw. eine Einzelmarke häufig ein stärkeres produktgeprägtes Image aufweist als eine Dachmarke. Dennoch können auch Dachmarken stark an eine bestimmte Produktklasse gebunden sein (z.B. MAGGI: Suppenwürze, DR. OETKER: Backpulver).²⁵³ Im Gegensatz hierzu existiert bei einem **nutzengeprägten Markenimage** anstelle einer starken Produkt-Marken-Bindung eine starke Nutzen-Marken-Bindung, bei der sich die Marke nicht als Produkt darstellt, sondern eine Problemlösung verspricht. Das Produkt an sich verliert an Bedeutung, da es nicht mehr der zentrale Mittelpunkt des Markenimages ist, sondern vielmehr ein Mittel zum Zweck.²⁵⁴ Marken mit einem nutzengeprägten Image besitzen daher eine unmittelbar starke Assoziation zu einem Bedürfnis, dessen Befriedigung der Verbraucher durch die Verwendung dieses Produktes anstrebt.²⁵⁵ Die Nutzenvorstellungen, die der Konsument mit einer Marke verbindet, können entweder überwiegend sachlich-funktional oder emotional geprägt sein²⁵⁶.²⁵⁷ Erstere resultieren unmittelbar aus dem zu Grunde liegenden Produkt (z.B. NIVEA: Pflege), emotionale Nutzenvorstellungen bezeichnen hingegen einen Erlebniswert²⁵⁸, der sich in den von einer Marke transportier-

---

²⁵² Vgl. Hätty, H. (1994), S. 568.
²⁵³ Vgl. Hätty, H. (1989), S. 208ff.
²⁵⁴ Vgl. Hätty, H. (1989), S. 221.
²⁵⁵ Vgl. Hätty, H. (1989), S. 201.
²⁵⁶ Diese Unterscheidung basiert auf der klassischen Nutzenlehre von VERSHOFEN, auf die im Rahmen der vorliegenden Arbeit jedoch nicht näher eingegangen wird. Vgl. Hätty, H. (1989), S. 227. Für genauere Informationen diesbezüglich siehe Vershofen, W. (1959), S. 83ff.
²⁵⁷ Vgl. Mayerhofer, W. (1995), S. 173.
²⁵⁸ „Erlebniswert ist der subjektiv erlebte, vom Produkt oder der Marke vermittelte Beitrag zur ‚Lebensqualität' des Kunden." http://www.triago.ch/lexe.php#38 (28.07.2008) Für genauere Informationen

ten emotionalen Konsumerlebnissen darstellt.[259] Erlebniswerte, die besonders häufig als Transferklammer bei einer Markenerweiterung eingesetzt werden, sind Exklusivität (z.B. JAGUAR), Lebensstil (z.B. COCA-COLA), Design (z.B. ROSENTHAL) oder auch Mode (z.B. SWATCH).[260] Auf die Besonderheiten der jeweiligen Erlebniswerte wird im Rahmen der vorliegenden Arbeit jedoch nicht näher eingegangen[261]. Eine Marke mit einem **verwendergruppenbezogenen Image** wird dagegen mit einer bestimmten Konsumentengruppe in einen assoziativen Zusammenhang gebracht, wobei es sich hier meist um Spezialmärkte (z.B. Babypflege- oder Diabetikermarkt) handelt, in denen die Konsumenten bezüglich der Produktart bzw. des Produktnutzens spezielle Ansprüche haben.[262] Marken stellen hier ebenfalls Produkt- bzw. Problemlösungen dar, weshalb es sich eigentlich um keinen neuen Imagestrukturtyp handelt.[263] Die Ausführungen bezüglich dieses Strukturtyps werden daher im Folgenden eher knapp gehalten und auf Besonderheiten reduziert.

Anhand einer empirischen Studie[264] analysierte HÄTTY die Bedeutung der beschriebenen Imagestrukturtypen für das Transferpotential einer Marke, worauf in Kapitel 4.1.2 noch näher eingegangen wird.[265]

3.3.2 Kritische Beurteilung des Ansatzes

Der Imagestrukturtypenansatz von HÄTTY stellt die Ausgangsbasis der nachfolgenden Ausführungen dar und sollte hier deshalb ebenfalls kritisch betrachtet werden. Ein grundsätzlicher Kritikpunkt des Ansatzes besteht darin, dass es sich bei den genannten Imagestrukturtypen um **idealtypische Ausprägungen** handelt, die in dieser reinen, eindeutig zuordenbaren Form in der Praxis nicht immer vorzufinden sind. Um dieses Problem zu lösen, erfolgt die Zuordnung zu einem der Imagestrukturtypen in solchen Fällen anhand der dominierenden Assoziation, die der Konsument mit der entsprechenden

---

bezüglich des Erlebniswerts siehe Kroeber-Riel, W. (1984), S. 212 oder auch Konert, F. J. (1986), S. 36.

[259] Vgl. Hätty, H. (1989), S. 228.

[260] Vgl. Hätty, H. (1989), S. 240ff.

[261] Für genauere Informationen zu den einzelnen Erlebniswerten siehe Hätty, H. (1989), S. 240ff.

[262] Vgl. Hätty, H. (1989), S. 201.

[263] Vgl. Hätty, H. (1989), S. 253.

[264] Für genauere Informationen diesbezüglich siehe Hätty, H. (1989), S. 179ff.

[265] Vgl. Mayerhofer, W. (1995), S. 172.

Marke in Verbindung bringt.²⁶⁶ Darüber hinaus stellt auch die Einteilung des nutzengeprägten Markenimages in sachlich-funktionale und emotionale Nutzenvorstellungen aufgrund der Vielzahl existierender **Nutzendefinitionen** lediglich eine systematisierende, heuristische Leitlinie dar. Die eindeutige Zuordnung eines bestehenden Nutzens zu einer dieser beiden Imagedimensionen ist auch hier in der Praxis nicht immer möglich.²⁶⁷ Ein weiterer Kritikpunkt des Ansatzes bezieht sich auf die Verwendung von **semantischen Netzwerkmodellen** zur Identifizierung der Imagestruktur einer Marke. Aufgrund der Komplexität des menschlichen Konsumverhaltens können diese Modelle lediglich einen Systematisierungsversuch darstellen, der Anhaltspunkte dafür liefert, wie einzelne Assoziationen möglicherweise miteinander verknüpft sein könnten, diesbezüglich jedoch keine sicheren Detailaussagen zulässt.²⁶⁸

3.4 Zwischenfazit

Nachdem eingangs der Imagetransfer als der mit einer Markenerweiterung final angestrebte kognitive und emotionale Prozess der Assoziations- und Vorstellungsübertragung im Kopf der Nachfrager definiert wurde, schloss sich die Betrachtung verschiedener theoretischer Imagetransfermodelle an. Das gemeinsame Ziel aller dargestellten Modelle war die Messung der Imagetransfertauglichkeit eines neuen Produktes für eine bereits etablierte Marke. Allen Modellen war die verhaltenswissenschaftliche Fundierung gemein, wobei jedoch die Ansätze von SCHWEIGER und MEFFERT/ HEINEMANN auf Image- bzw. Einstellungstheorien basieren, das Modell von ESCH hingegen auf gedächtnistheoretischen Schema- und Kategorisierungstheorien aufbaut. Erstere Ansätze wurden in Deutschland besonders in den 80er Jahren stark favorisiert, mussten hier jedoch auch mit einiger Kritik kämpfen. Daraufhin wurden, u.a. auch von ESCH, Ansätze auf Basis gedächtnistheoretischer Erkenntnisse entwickelt.²⁶⁹ Gemein ist jedoch allen Ansätzen die zentrale Bedeutung des Image-Fits zwischen Stammmarke und Transferprodukt. Die Vorteile des gedächtnispsychologischen Erklärungsmodells von ESCH bestehen darin, dass dieses das Markenimage, entsprechend der dieser Arbeit zugrunde liegenden Definition, ganzheitlich erfasst, Produkt und Marke als eine Einheit versteht und die stark verästelten Beziehungen zwischen Marke und Eigenschaft bzw. Produkt und Eigen-

---

²⁶⁶ Vgl. Hätty, H. (1989), S. 201.
²⁶⁷ Vgl. Hätty, H. (1989), S. 227f.
²⁶⁸ Vgl. Hätty, H. (1989), S. 200.
²⁶⁹ Vgl. Esch, F.-R. et al. (2005), S. 930.

schaft hinreichend berücksichtigt. Diese Art des Zugangs dominiert momentan v.a. den englischsprachigen Raum und entspricht dem modernen sowie auch dem dieser Arbeit zugrunde liegenden Verständnis von Marken als Gedächtnisvorstellungen in den Köpfen der Konsumenten.[270] Daher wird dieses Modell auch den nachfolgenden Ausführungen in Kapitel 4 zugrunde gelegt. Im Anschluss an die Darstellung der theoretischen Imagetransfermodelle wurde der Imagestrukturtypenansatz von HÄTTY erläutert, der noch immer einen wichtigen Beitrag zur Systematisierung der Imagetransferforschung darstellt und die Ausgangsbasis für die weiteren Ausführungen bildet. HÄTTY unterscheidet hier zwischen drei verschiedenen Imagestrukturtypen, denen eine Marke zugeordnet werden kann. So kann diese entweder produkt-, nutzen- oder verwendergruppengeprägt sein, woraus sich wiederum ein entsprechendes Transferpotential ergibt, das in Kapitel 4 noch ausführlich betrachtet wird. Darüber hinaus werden im nächsten Kapitel die einzelnen Phasen des Markentransferprozesses detailliert beschrieben und dabei v.a. auf die Besonderheiten der jeweiligen Imagestrukturtypen eingegangen. Darüber hinaus werden in den einzelnen Prozessphasen Handlungsempfehlungen für die verschiedenen Imagestrukturtypen abgeleitet, um so den Erfolg des Markentransfers durch eine gelungene Imageübertragung zu sichern. Die aufgezeigten theoretischen Imagetransfermodelle sind hierbei der Phase der Dehnungsanalyse zuzuordnen.

---

[270] Vgl. Esch, F.-R. (2008), S. 405.

4 Management von Markentransfers unter besonderer Berücksichtigung des Stammmarkenimages

4.1 Konzeptionsphase

4.1.1 Analyse der Stammmarke

Zu Beginn der Konzeptionsphase wird, wie bereits in Kapitel 2.2.6 erwähnt, in einem ersten Schritt die zu erweiternde Marke genau analysiert, um im Anschluss daran ihr Transferpotential zu ermitteln und darauf aufbauend potentielle Transferprodukte zu identifizieren. Zur methodischen Unterstützung der Analyse stehen Instrumente wie die Imageanalyse und verhaltenswissenschaftliche Markenwertanalysen zur Verfügung.[271]

Letztere messen die **Stärke einer Marke**, die, wie in Kapitel 2.2.5 erläutert, einen wesentlichen Erfolgsfaktor und gewissermaßen die Ausgangsbasis für einen Markentransfer darstellt.[272] Ist die Markenstärke nicht ausreichend groß, sollte grundsätzlich von einem Markentransfer abgesehen werden, da die Marke in diesem Fall über kein hinreichendes Transferpotential verfügt[273].[274] Die Markenstärke kann prinzipiell im Rahmen einer Befragung anhand verschiedener Indikatoren ermittelt werden. Hier zu nennen sind bspw. die Markentreue, die Markenbekanntheit, die angenommene Qualität oder auch das Markenimage[275].[276] Die Markenstärke reflektiert sich in den Köpfen der Konsumenten als **Schema**, das sich aus deren denotativen und konnotativen Vorstellungen sowie Kenntnissen zu einer Marke zusammensetzt und, wie bereits erwähnt, als semantisches Netzwerkmodell dargestellt werden kann.[277] Hier gilt: Je stärker eine Marke ist, desto stärker, positiver und einzigartiger sind auch die mit ihr verbundenen und in ihrem

---

[271] Vgl. Baumgarth, C. (2008), S. 166.

[272] Vgl. Esch, F.-R. et al. (2005), S. 918.

[273] Stattdessen sollte versucht werden, diese durch den Aufbau eines klaren Markenimages zu stärken, um sie so evtl. zu einem späteren Zeitpunkt für einen Transfer nutzen zu können. Vgl. Esch, F.-R. (2008), S. 401.

[274] Vgl. Hätty, H. (1994), S. 574; Esch, F.-R. (2008), S. 399f.

[275] Weitere Ausführungen diesbezüglich würden den Rahmen der vorliegenden Arbeit übersteigen und werden hier deshalb nicht näher betrachtet. Für detaillierte Informationen bezüglich der einzelnen verhaltenswissenschaftlichen Verfahren und deren Kritik siehe Sattler, H. (2001), S. 156ff. oder auch Frahm, L. G. (2004), S. 50ff.

[276] Vgl. Böhler, H./ Scigliano, D. (2005), S. 190; Sattler, H. (2001), S. 156ff.; Frahm, L. G. (2004), S. 50ff.

[277] Vgl. Esch, F.-R. (2008), S. 64.

Markenschema abgebildeten Assoziationen.[278] Grundsätzlich ist das im Gedächtnis eines Konsumenten gespeicherte Wissen hierarchisch strukturiert, so dass das Wissen zu einer bestimmten Marke dem Wissen zur jeweiligen Produktkategorie untergeordnet ist. Dies ermöglicht sowohl eine leichtere Weitergabe als auch eine einfachere Speicherung des Wissens. Um den hier beschriebenen Zusammenhang noch einmal zu verdeutlichen, sind nachfolgend beispielhaft ermittelte Schemavorstellungen zur Produktkategorie ‚Schokolade' und der Marke MILKA dargestellt:

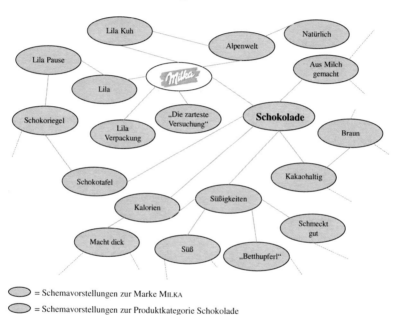

Abbildung 14: Schemavorstellungen als semantisches Netzwerkmodell
Quelle: in Anlehnung an Esch/ Wicke (2001), S. 48.

Wie in obiger Abbildung erkennbar, werden mit dem Produktschema ‚Schokolade' bspw. die Eigenschaften ‚aus Milch gemacht', ‚kalorienhaltig' oder ‚süß' verbunden, welche automatisch an jede Schokoladenmarke (hier: MILKA) vererbt werden. Daher verbindet der Konsument, selbst im Falle von geringen spezifischen Vorstellungen zu einer Marke, dennoch gewisse produktgruppentypische Eigenschaften mit ihr. Der wirkliche Wert einer Marke entsteht jedoch in erster Linie durch markenspezifische Vorstel-

---

[278] Vgl. Caspar, M./ Burmann, C. (2005), S. 260.

lungen, die über diese produkttypischen Gedächtnisinhalte hinausgehen (hier z.B. ‚Die zarteste Versuchung', ‚Alpenwelt', etc.).[279] Durch Berechnung eines sog. Überlappungskoeffizienten zwischen den Assoziationen der Konsumenten zu einer Marke und zu der jeweiligen Produktkategorie erhält man einen Wert, der als Indikator für die Markenstärke verwendet werden kann[280],[281].

Um das Schema einer Marke in Form eines solchen semantischen Netzwerkmodells darstellen zu können, werden entsprechende Assoziationsverfahren angewandt, die entweder in freier, gelenkter oder eingeschränkter Form ablaufen können[282]. Hierauf aufbauend wird in einem nächsten Schritt das **Image** der Marke genau analysiert. Dies geschieht durch die direkte oder indirekte Erhebung einstellungsrelevanter denotativer und konnotativer Produktmerkmale[283]. Im Rahmen einer direkten Erhebung kann bspw. die Repertory-Grid-Methode oder die Methode empfundener Wichtigkeiten angewandt werden. Bei einer indirekten Erhebung können dagegen einerseits psychologische Verfahren wie z.B. Tiefeninterviews, projektive Techniken oder Rollenspiele und andererseits auch statistische Methoden wie die Faktorenanalyse oder die Multidimensionale Skalierung eingesetzt werden[284],[285]. Im Rahmen der Imageanalyse wird die Marke, entsprechend der durch die mit ihr verbundenen denotativen und konnotativen Assoziationen dargestellten Wissensart, einem der von HÄTTY vorgegebenen Imagestrukturtypen zugeordnet.[286]

---

[279] Vgl. Esch, F.-R. (2008), S. 64.

[280] Der Überlappungskoeffizient stellt die addierten, relativen Häufigkeiten der gemeinsamen Produkt- und Markenassoziationen dar, berechnet in Bezug auf alle Assoziationen, und kann grundsätzlich einen Wert zwischen 0 und 1 annehmen. Vgl. Esch, F.-R./ Geus, P. (2005), S. 1278. Je höher der so berechnete Wert ist, desto schwächer ist die Marke und desto geringer ist ihr Transferpotential.

[281] Vgl. Esch, F.-R./ Geus, P. (2005), S. 1278.

[282] Für genauere Informationen hierzu siehe Salcher, E. F. (1978), S. 74ff.

[283] Hier ist anzumerken, dass diese jedoch auch teilweise schon im Rahmen der Assoziationsverfahren ermittelt wurden. Vgl. Hätty, H. (1989), S. 262.

[284] Welches der genannten Verfahren letztendlich angewandt wird, ist abhängig von der Objektivität, der Validität, der Reliabilität und der Forschungsökonomie, wobei hier v.a. die psychologischen Verfahren als wenig geeignet gelten. Vgl. Hätty, H. (1989), S. 263. Für genauere Informationen diesbezüglich Quack, H. (1980), S. 30ff. oder Böhler, H. (1979), S. 270ff.

[285] Vgl. Hätty, H. (1989), S. 260ff.

[286] Vgl. Hätty, H. (1989), S. 201ff.

4.1.2 Analyse des Transferpotentials der Stammmarke

Abhängig von dem jeweiligen Imagestrukturtyp ergibt sich für die Stammmarke ein entsprechendes Transferpotential, das deren Auswahl an möglichen Transferprodukten einschränkt und somit einen restriktiven Faktor für den Markentransfer darstellt[287]. Wie bereits erwähnt, besteht im Falle eines **produktgeprägten Markenimages** eine starke Produkt-Marken-Bindung und damit auch eine hohe Übereinstimmung zwischen dem Produkt- und dem Markenschema.[288] Der Überlappungskoeffizient wird hier daher verhältnismäßig groß sein, was wiederum einen Indikator für einen geringen Markenwert darstellt.[289] Tatsächlich besitzen Marken mit einem produktgeprägten Image nur ein eingeschränktes Transferpotential, da sie, wie in Kapitel 3.3.1 erläutert, für bestimmte Produktkategorien stehen oder im Extremfall selbst zur Bezeichnung dieser Produktkategorie verwendet werden.[290] Die Erweiterung einer solchen Marke auf kategoriefremde Produkte kann daher zu Irritationen beim Konsumenten führen, da das bei ihm verankerte Markenschema hierdurch gestört wird.[291] Voraussetzung für das Transferpotential einer produktgeprägten Marke ist deshalb die physische Ähnlichkeit zwischen Stamm- und Transferprodukt, die schließlich auch die inhaltliche Klammer für den Markentransfer einer solchen Marke darstellt.[292] Liegt hingegen ein **nutzengeprägtes Markenimage** vor, kann dies für die entsprechende Marke durchaus ein hohes Transferpotential bedeuten. In diesem Fall stellt der Nutzen die verbindende inhaltliche Klammer zwischen Stammmarke und Transferprodukt dar und muss daher vom Transfer unberührt bleiben. Darüber hinaus ist es für einen erfolgreichen Markentransfer unabdingbar, dass dieser Nutzen sowohl in der Stamm- als auch in der Transferproduktkategorie einstellungsrelevant ist.[293] Da es aufgrund der Vielzahl unterschiedlicher Nutzen schwierig ist, allgemeingültige Aussagen bezüglich des Transferpotentials

---

[287] Einen weiteren einschränkenden Faktor stellt neben dem Markenimage auch der Markenname dar, auf den im Rahmen der vorliegenden Arbeit jedoch nicht näher eingegangen wird. Vgl. Schiele, T. P. (1999), S. 233. Für genauere Informationen diesbezüglich siehe Schiele, T. P. (1999), S. 233ff. Den weiteren Ausführungen wird unterstellt, dass der Markenname hier keine Restriktion bei der Auswahl des Transferproduktes darstellt.

[288] Vgl. Esch, F.-R. (2008), S. 400.

[289] Vgl. Esch, F.-R./ Geus, P. (2005), S. 1278.

[290] Vgl. Esch, F.-R. (2008), S. 400.

[291] Vgl. Klein-Bölting, U./ Maskus, M. (2003), S. 54.

[292] Vgl. Hätty, H. (1994), S. 569.

[293] Vgl. Hätty, H. (1994), S. 571; Hätty, H. (1989), S. 226.

nutzengeprägter Marken zu treffen, wird von der in Kapitel 3.3.1 erwähnten Trennung in sachlich-funktionale und emotionale Nutzenvorstellungen ausgegangen.[294] Sowohl nutzengeprägte Marken mit sachlich-funktionaler als auch mit emotionaler Ausrichtung weisen grundsätzlich ein hohes Transferpotential auf. Dennoch besitzen emotional ausgerichtete Marken, die bestimmte Konsumerlebnisse vermitteln, tendenziell ein noch größeres Transferpotential als sachlich-funktional ausgerichtete.[295] Dies liegt primär darin begründet, dass emotionale Nutzenvorstellungen weitaus weniger an eine Produktkategorie gebunden sind als sachlich-funktionale.[296] Daher ist das Transferpotential einer solchen Marke sowohl in derselben als auch in einer anderen Produktkategorie besonders hoch und auch die Anzahl geeigneter Transferproduktkategorien sehr groß. Vor allem der Erlebniswert ‚Exklusivität' bietet hier im Hinblick auf einen Markentransfer besonders viele Möglichkeiten.[297] Darüber hinaus besteht im Falle eines nutzengeprägten Markenimages die Möglichkeit, durch gemeinsame Nutzungsvorstellungen Zusammenhänge zwischen verschiedenen Produktkategorien herzustellen.[298] Dies geschieht durch eine sog. Bedarfsverbundenheit, bei der bestimmte Produkte in einem komplementären Ge- oder Verbrauchsverhältnis zueinander stehen.[299] Dieser Zusammenhang kann entweder objektiv-technisch (z.B. Auto und Benzin) oder subjektiv-geschmacklich (z.B. Käse und Wein) sein.[300] Im Falle einer solchen Nutzungskompatibilität ergibt sich speziell in Bezug auf andere Produktkategorien ein entsprechend hohes Transferpotential für die Stammmarke[301].[302] Ein **verwendergruppengeprägtes Markenimage** stellt, wie bereits erwähnt, keinen vollständig neuen Imagestrukturtyp dar, da das Image der Marke hier neben der verwendergruppengeprägten Ausrichtung gleichzeitig auch immer stärker produkt- oder nutzengeprägt ist. Prinzipiell kann jedoch davon ausgegangen

---

[294] Vgl. Hätty, H. (1989), S. 228ff.
[295] Vgl. Mayerhofer, W. (1995), S. 173.
[296] Vgl. Hätty, H. (1989), S. 241.
[297] Vgl. Mayerhofer, W. (1995), S. 173.
[298] Vgl. Hätty, H. (1989), S. 226.
[299] Vgl. Pepels, W. (2000), S. 425.
[300] Vgl. Simon, H. (1985), S. 25.
[301] Hier ist jedoch kritisch anzumerken, dass das tatsächliche Transferpotential einer nutzengeprägten Marke mit der Möglichkeit eines Bedarfsverbunds vom Informationsstand der Konsumenten abhängt. Es gilt: Je geringer ein Konsument informiert und je komplexer der Transferproduktbereich ist, desto eher wirkt der Vertrauensvorsprung einer etablierten Marke. Vgl. Hätty, H. (1989), S. 226f. Darüber hinaus ist zu berücksichtigen, dass der Bedarfsverbund nachfrageindividuell ist, d.h. von Konsument zu Konsument unterschiedlich sein kann. Vgl. Müller-Hillebrand, V. (1972), S. 16.
[302] Vgl. Hätty, H. (1989), S. 226.

werden, dass das Transferpotential und die Anzahl möglicher Transferkategorien bei einem verwendergruppengeprägten Image größer ist als bei einer reinen Form der beiden Imagestrukturtypen. So ist bspw. im Falle einer produktgeprägten Ausrichtung des verwendergruppengeprägten Images die Stärke der Produkt-Marken-Bindung geringer als bei einem reinen produktgeprägten Markenimage. Entscheidend für das Transferpotential ist jedoch letztendlich, dass die Ausrichtung auf eine bestimmte Konsumentengruppe herausgestellt und als Transferklammer entsprechend unterstrichen wird.[303]

4.1.3 Identifizierung potentieller Transferprodukte

Nachdem das Transferpotential der verschiedenen Imagestrukturtypen analysiert wurde, gilt es nun in einem nächsten Schritt, mögliche Transferprodukte, entsprechend dem jeweiligen Markenimage, zu identifizieren. Hierfür stehen grundsätzlich zwei verschiedene Methoden zur Verfügung: Zum Einen kann die Ermittlung aus der Inside-Out- und zum Anderen aus der Outside-In-Perspektive erfolgen. Bei der **Inside-Out-Ermittlung** sucht das Management nach aus seiner Sicht geeigneten Transferprodukten.[304] Hierfür können verschiedene Instrumente wie bspw. Kreativitätstechniken (z.B. Brainstorming, Attribute Listing, etc.) oder auch Markt- und Konkurrenzanalysen angewandt werden, die letztendlich Anregungen für mögliche Transferprodukte geben sollen.[305] Ausgehend von der **Outside-In-Perspektive**, werden derartige Transferprodukte durch Konsumentenbefragungen ausfindig gemacht. Um hierbei die Kreativität der Konsumenten anzuregen, sollten ihnen durch die Art der Fragestellung möglichst viele Zugänge zu potentiellen Transferprodukten geboten werden. Dennoch ist es häufig der Fall, dass die Befragungsergebnisse lediglich stereotypische Erwartungen der Konsumenten widerspiegeln, so dass diese Methode für das Auffinden wirklich neuer und interessanter Transferproduktkategorien eher kritisch zu betrachten ist. Konsumenten sind grundsätzlich eher in der Lage, ein mögliches Transferprodukt zu beurteilen statt es sich auszudenken. Für die Identifizierung potentieller Transferprodukte ist es jedoch wichtig, beide Perspektiven zu berücksichtigen und die Ergebnisse der Inside-Out- mit denen der Outside-In-Perspektive zu kombinieren.[306]

---

[303] Vgl. Hätty, H. (1989), S. 253.
[304] Vgl. Esch, F.-R. (2008), S. 402.
[305] Vgl. Baumgarth, C. (2008), S. 166.
[306] Vgl. Esch, F.-R. (2008), S. 402.

Eine wichtige Voraussetzung, die bei der Identifizierung geeigneter Transferprodukte in jedem Fall beachtet werden muss, ist die mit der Stammmarke gemeinsame **inhaltliche Klammer**, die sich aus der als zentral eingestuften Imagedimension der Stammmarke ergibt. Idealerweise sollte diese Klammer gleichzeitig auch die Unique Selling Proposition (USP)[307] der Marke darstellen, d.h. ein bestimmtes Leistungsversprechen, das dem Anbieter ermöglicht, sich von seiner Konkurrenz abzuheben. Zudem muss die Transferklammer den Anforderungen der Konsumenten an das jeweilige Transferprodukt entsprechen und in dieser Produktkategorie für sie einstellungsrelevant sein.[308] Hier gilt: Je spezifischer die Transferklammer auf die Bedürfnisse der Konsumenten im angestrebten Transfermarkt eingeht, desto präziser ist deren wahrgenommenes Markenbild und desto höher damit auch die Erfolgswahrscheinlichkeit des Markentransfers.[309]

Je nachdem welchem Imagestrukturtyp die Stammmarke zugeordnet wurde, ist diese inhaltliche Klammer unterschiedlich auszugestalten: Bei einem **produktgeprägten Markenimage** sollte die Transferklammer die objektiv-technischen Eigenschaften betonen, welche die Stammmarke bzw. deren Image ausmachen (z.B. Pfanni: ‚aus Kartoffeln', Tempo: ‚aus Papier'). Hier gilt: Je ähnlicher das Transferprodukt dem Stammprodukt im Bezug auf seine objektiv-technischen Eigenschaften ist, desto eher wird der Konsument das neue Produkt akzeptieren und der angestrebte Imagetransfer erfolgreich sein[310].[311] Im Gegensatz dazu stellt bei einem **nutzengeprägten Markenimage** der durch das Image vermittelte Nutzen die Transferklammer dar. Dieser kann, wie bereits erwähnt, entweder sachlich-funktional oder emotional ausgerichtet sein.[312] Im Rahmen der Identifizierung potentieller Transferprodukte gilt es nun, Produktkategorien ausfin-

---

[307] Für genauere Informationen zur Unique Selling Proposition siehe Nieschlag, R./Dichtl, E./ Hörschgen, H. (1997), S. 90 oder Böhler, H./ Scigliano, D. (2005), S. 138f.

[308] Vgl. Schiele, T. P. (1999), S. 242; Hätty, H. (1994), S. 572f.

[309] Vgl. Hätty, H. (1994), S. 574.

[310] Hier sei jedoch ergänzend erwähnt, dass bei einem produktgeprägten Markenimage auch eine funktionale Gebundenheit, d.h. die Gebundenheit an einen bestimmten Verwendungszweck, vorliegen kann, die den Kreis möglicher Transferprodukte auf diejenigen mit entsprechender Funktion beschränkt und somit bei der Wahl des Transferproduktes zusätzlich beachtet werden muss (z.B. Tempo: ‚Naseputzen'). Vgl. Neumann, P./ von Rosenstiel, L. (1981), S. 823f.; Hätty, H. (1994), S. 569f. Ist diese funktionale Gebundenheit stark ausgeprägt, würde man allerdings nicht mehr von einem produkt-, sondern von einem nutzengeprägten Markenimage sprechen, so dass auf diesen Aspekt im weiteren Verlauf der Arbeit nicht näher eingegangen wird. Am Beispiel eines produktgeprägten Markenimages mit funktionaler Gebundenheit wird sichtbar, dass die Abgrenzung zwischen den verschiedenen Imagestrukturtypen nicht immer eindeutig möglich ist. Vgl. Hätty, H. (1989), S. 201.

[311] Vgl. Hätty, H. (1994), S. 569.

[312] Vgl. Hätty, H. (1989), S. 228ff.

dig zu machen, in denen dieser durch die Stammmarke vermittelte Nutzen ebenfalls einstellungsrelevant und von Bedeutung ist.[313] Liegt hingegen ein **verwendergruppengeprägtes Markenimage** vor, stehen bei der Identifizierung potentieller Transferprodukte die speziellen Bedürfnisse einer bestimmten Konsumentengruppe (z.b. Diabetiker) im Mittelpunkt und dienen als Transferklammer.[314]

4.1.4 Dehnungsanalyse zwischen Stammmarke und Transferprodukt

Im Anschluss daran wird nun eine sog. Dehnungsanalyse durchgeführt, um die Imagetransfertauglichkeit der ermittelten Produkte in Bezug auf die Stammmarke zu testen und letztendlich das für die Stammmarke am besten geeignete Transferprodukt auszuwählen. Die einfachste Methode der Dehnungsanalyse basiert auf der ganzheitlichen Befragung der Konsumenten nach der Akzeptanz möglicher Transferprodukte für eine bestimmte Marke und wird als sog. **Fitmessung** bezeichnet.[315] Die Ergebnisse einer solchen Befragung können auch hier meist auf das zugrunde liegende Stammmarkenimage zurückgeführt werden. Somit empfindet der Konsument jeweils diejenigen Transferprodukte als besonders geeignet, die mit der Stammmarke eine gemeinsame, auf ihrem Image basierende Transferklammer besitzen. Inwiefern einer Marke aufgrund ihres Images unterschiedliche Kompetenzen zugerechnet werden, die wiederum Rückschlüsse auf die Akzeptanz des möglichen Transferproduktes zulassen, soll nachfolgendes Beispiel noch einmal verdeutlichen:

---

[313] Vgl. Hätty, H. (1994), S. 573.
[314] Vgl. Hätty, H. (1989), S. 253.
[315] Vgl. Esch, F.-R. (2008), S. 403.

	BALLY	YVES SAINT LAURENT
	ø	ø
Herren- und Damenschuhe	9,5	5,1
Accessoires (Gürtel, Taschen)	8,5	8,8
Wanderschuhe	6,3	1,6
Eleganter Herrenanzug	5,5	8,4
Tennisschuhe	5,4	3,0
Eleganter Deux-Pieces	5,4	8,9
Modeschmuck	5,1	7,5
Uhr	5,0	7,2
Joggingschuhe	4,9	2,5
Sonnenbrille	4,3	7,9
Parfum für Männer	4,1	8,8
Haus und Joggingdress	3,8	6,2
Deodorant	3,6	7,8
After Shave	3,5	8,5
Eau de Toilette	3,5	8,2
n	48	48

Gewichtung:
10 = sehr kompetent als Anbieter eines entsprechenden Produktes
1 = inkompetent als Anbieter eines entsprechenden Produktes

Abbildung 15: Markenkompetenz BALLY und YVES SAINT LAURENT
Quelle: in Anlehnung an Bächtold (1994), S. 237.

Sowohl die Marke BALLY als auch YVES SAINT LAURENT sind Luxusmarken, deren Images jedoch unterschiedlich geprägt sind. Das Markenimage von BALLY ist aufgrund seiner Kernkompetenz, der Fertigung hochwertiger Schuhe und Lederaccessoires, stark **produktgeprägt**, weshalb die Ausweitung der Marke auf sog. Lebensstilprodukte wie bspw. Kosmetika oder Kleidung gemäß der durchgeführten Dehnungsanalyse wenig erfolgversprechend ist[316]. Dies konnte auch in der Praxis durch einen konkreten Erweiterungsversuch der Marke in diese Kategorien bestätigt werden. Die Marke BALLY wird mit eleganten und teuren Qualitätsschuhen verbunden, weshalb die Konsumenten selbst bereits Sportschuhe als nicht mehr im Kernkompetenzbereich liegend und als nicht zur Transferklammer passend wahrnahmen. Als geeignete Produkte wurden lediglich Schuhe und Lederaccessoires angesehen, die letztendlich auch die Kernkompetenz der Mar-

---

[316] Hier wird von der Autorin in Bezug auf die dargestellte Dehnungsanalyse angenommen, dass ein Markentransfer dann als erfolgversprechend gilt, wenn die durchschnittliche Gewichtung einen Wert von 6 übersteigt.

ke darstellen. Die Marke YVES SAINT LAURENT dagegen weist ein **nutzengeprägtes Markenimage** auf, das emotional ausgerichtet ist und in dessen Mittelpunkt ein bestimmter Lebensstil steht, der letztendlich den Konsumstil der Nachfrager beeinflusst. Ein solches Markenimage bietet weitaus mehr Möglichkeiten für einen Markentransfer, da die Auswahl an geeigneten Transferproduktkategorien hier besonders groß ist. So kommen für eine Erweiterung der Marke YVES SAINT LAURENT alle Produktkategorien in Frage, die mit der durch die Marke vermittelten Produktwelt (Luxus, Mode, Parfum, etc.) in Verbindung gebracht werden und diese symbolisieren können.[317] Im vorliegenden Beispiel trifft dies auf alle Produktkategorien, mit der Ausnahme von Schuhen[318], zu.

Die Betrachtungsweise der dargestellten Fitmessung ist, wie eingangs erwähnt, ganzheitlich, so dass diese Methode zwar einen guten ersten Einblick in potentielle Transferproduktkategorien gibt, jedoch **keinen diagnostischen Charakter** aufweist, so dass nur Vermutungen angestellt werden können, weshalb eine bestimmte Beurteilung gerade so ausfällt. Die Ursachen für eine mehr oder weniger hohe Akzeptanz bleiben somit ungeklärt und es lassen sich daher auch keine Maßnahmen für eine mögliche Optimierung des Fits ausmachen. Darüber hinaus besteht hier eine sog. **Schwellenproblematik**, d.h. es kann kein eindeutiger Cut-off-Wert ermittelt werden, ab dem ein Markentransfer als nicht mehr tragfähig angesehen wird. Außerdem lässt die Methode keine Aussagen darüber zu, ob im Falle von Produktkategorien mit mäßigem Fit zur Stammmarke die Akzeptanz der Konsumenten durch entsprechende kommunikative Maßnahmen gesteigert werden könnte.

Um einen genaueren Einblick in das Zusammenspiel zwischen Marke und potentiellem Transferprodukt zu erhalten, ist es daher nötig, die Fitmessung durch tiefergehende Dehnungsanalysen zu ergänzen. Hierfür stehen die in Kapitel 3.2 beschriebenen theoretischen Imagetransfermodelle zur Verfügung, wobei in vorliegender Arbeit für die Messung der Imagetransfertauglichkeit eines neuen Produktes das **gedächtnispsychologische Erklärungsmodell** von ESCH angewandt wird.[319] Die Gründe hierfür wurden bereits in Kapitel 3.4 erläutert. Gemäß dem Erklärungsmodell übertragen Konsumenten

---

[317] Vgl. Bächtold, R. (1994), S. 237f.

[318] Hier werden v.a. Sportschuhe als unpassende Transferprodukte angesehen, was darin begründet sein könnte, dass der durch die Marke YVES SAINT LAURENT symbolisierte Lebensstil eher nicht mit Sport und somit auch nicht mit Sportartikeln in Verbindung gebracht wird. Somit ist hier keine passende oder ausreichend starke Transferklammer vorhanden.

[319] Vgl. Esch, F.-R. (2008), S. 404f.

Assoziationen zu einer bereits etablierten Marke eher auf ein Transferprodukt, wenn sie eine Ähnlichkeit zwischen deren Schemata wahrnehmen.[320] Diese Ähnlichkeit basiert wiederum auf Übereinstimmungen von Assoziationen, deren Anzahl und Ausprägungen z.B. mit Hilfe einer Matrix dargestellt werden können[321]. Aufbauend auf dieser ist es schließlich möglich, Implikationen bezüglich der inhaltlichen Transferklammer für das Management abzuleiten. Da die untersuchten Schemata das Image der jeweiligen Marke bzw. des jeweiligen Produktes reflektieren, basieren die identifizierten Übereinstimmungen der Assoziationen v.a. auf Imagekongruenzen, so dass die inhaltliche Transferklammer imagespezifisch, unterschiedlich geprägt sein wird. Grundsätzlich gilt: Je mehr bzw. stärkere Imagekongruenzen vorliegen, desto höher ist die Akzeptanz der Konsumenten bezüglich eines potentiellen Transferproduktes.[322] Daher wird schließlich das Produkt für einen Markentransfer ausgewählt, das den größten Image-Fit mit der Stammmarke aufweist[323]. Darüber hinaus werden hier ebenfalls die Gründe erkennbar, weshalb bestimmte Transferprodukte als mehr oder weniger zu der Stammmarke passend empfunden werden und wo bspw. kommunikative Maßnahmen anknüpfen können, um den Fit zu erhöhen.[324] Der konkrete Ablauf des Kategorievergleichs der Marken- und Produktschemata hängt, wie bereits in Kapitel 3.2.3.1 erwähnt, vom Involvement des Konsumenten ab.

In welcher Produktkategorie sich schließlich das am besten geeignete Transferprodukt befindet, ist abhängig vom Image der Stammmarke: Liegt ein **produktgeprägtes Markenimage** vor, wird sich das Transferprodukt mit dem größten Fit vermutlich in der selben Produktkategorie befinden wie das Stammprodukt, da die objektiv-technischen Übereinstimmungen in diesem Fall am größten sind. Daher wird hier wahrscheinlich eher eine Line Extension als eine Concept Extension durchgeführt werden.

---

[320] Vgl. Esch, F.-R. (2008), S. 413.

[321] Die Anregung hierzu basiert auf der von BAUMGARTH dargestellten Marken- und Produktmatrix zur Analyse von Netzwerken. Für genauere Informationen hierzu siehe Baumgarth, C. (2008), S. 285ff.

[322] Vgl. Esch, F.-R. (2008), S. 413.

[323] Hier ist es durchaus denkbar, dass auch mehrere Produkte als zur Stammmarke passend eingestuft wurden, so dass sich das Management bspw. mit Hilfe von Checklisten, Punktbewertungsverfahren oder Wirtschaftlichkeits- und Marktanalysen entscheiden muss, welches Produkt es nun tatsächlich einführt. Vgl. Böhler, H./ Scigliano, D. (2005), S. 88ff. Andere in Frage kommenden Produkte könnten für einen späteren Markentransfer genutzt werden, wobei hier dennoch o.g. Prozess wiederholt werden sollte, da es durch die Einführung des ersten Transferproduktes zu Imageveränderungen der Stammmarke kommen kann. Zudem können die o.g. genannten Entscheidungshilfen auch bei der eindeutigen Entscheidung für ein Transferprodukt zur Überprüfung der Wahl eingesetzt werden.

[324] Vgl. Esch, F.-R. (2008), S. 404.

Im Gegensatz dazu kann sich das ausgewählte Transferprodukt für eine **nutzengeprägte Stammmarke** durchaus auch in einer anderen Produktkategorie befinden, in welcher der jeweilige Nutzen ebenfalls von Bedeutung ist. Die Marke selbst ist hier an keine bestimmte Produktkategorie gebunden, so dass ihr Nutzen, insbesondere im Falle einer emotionalen Ausrichtung, durchaus kategorieübergreifend relevant sein kann. Unter der Annahme, dass sich das ausgewählte Transferprodukt tatsächlich in einer anderen Produktkategorie befindet, wird für diesen Imagestrukturtyp eine Concept Extension durchgeführt. Im Falle eines **verwendergruppengeprägten Markenimages** ist die Entscheidung für ein bestimmtes Transferprodukt neben dem Bezug zu einer speziellen Konsumentengruppe abhängig von der Ausrichtung des Images, die entweder produkt- oder nutzengeprägt sein kann. Hier gelten obige Ausführungen analog.

4.1.5 Berücksichtigung markt- und unternehmensbezogener Determinanten

Nachdem nun ein für die Stammmarke passendes und erfolgversprechendes Transferprodukt identifiziert wurde, müssen vor der Umsetzungsplanung zusätzlich noch markt- und unternehmensbezogene Determinanten berücksichtigt werden. Hier gilt es einerseits die Fähigkeit eines Unternehmens bezüglich der Durchführung des angestrebten Markentransfers zu beurteilen und andererseits die Situation auf dem Transfermarkt genau zu analysieren. In Bezug auf das **eigene Unternehmen** sind v.a. die technologischen und fertigungsbezogenen Fähigkeiten, die finanziellen Ressourcen sowie das Know-How und die Fähigkeiten des Managements zu berücksichtigen. Hinsichtlich der **marktbezogenen Determinanten** sind an dieser Stelle Informationen über den Markt allgemein (z.B. Marktgröße, Alter, Entwicklungspotential, Informationen zur Konkurrenz, etc.) sowie über die entsprechenden Absatzmittler von Bedeutung. Die allgemeinen Marktinformationen spiegeln die Attraktivität und Chancen des potentiellen Transfermarktes wider. Bezüglich der Konkurrenzsituation sind v.a. Informationen zur Anzahl und Stärke der Konkurrenten, dem Wettbewerbsdruck und der Positionierung der Wettbewerber relevant. Diese Größen geben Auskunft über die Konkurrenzintensität, die Eintrittsbarrieren und auch die Eintrittsrisiken auf dem Transfermarkt. Informationen über die Absatzmittler wie bspw. deren Marktmacht oder typische Distributionskanäle für das vorgesehene Transferprodukt zeigen mögliche realisierbare Synergien, aber auch Gefahren in Bezug auf die Durchführung eines Markentransfers.

Abhängig von der Ausprägung dieser unternehmensinternen und –externen Faktoren ergeben sich unterschiedliche **Möglichkeiten** bezüglich der Durchführung des Markentransfers.[325] Mangelnde finanzielle oder technische Fähigkeiten eines Unternehmens sowie unzureichende Marktkenntnisse stellen keine unüberwindbaren Hindernisse für einen Markentransfer dar, da hier geeignete Kooperationspartner gefunden werden können, die bspw. durch Markenlizenzierungen ihre persönlichen Marktkenntnisse und technologischen Fähigkeiten dem betreffenden Unternehmen zur Verfügung stellen und durch eine Übernahme der Produktion und der Vermarktung des Transferproduktes den Lizenzgeber nicht belasten.[326] Hinsichtlich der **Konkurrenten** in dem angestrebten Transfermarkt gilt es, sich durch eine entsprechende Positionierung von diesen abzuheben. Die für die Positionierung verwendeten Eigenschaften müssen hierbei einen eindeutigen Zielgruppenbezug haben, wahrnehmbar und möglichst dauerhaft gültig sein.[327] Diese Abgrenzung erfolgt mit Hilfe der USP, die im Falle eines Markentransfers, die inhaltliche Transferklammer zwischen Stammmarke und Transferprodukt darstellt[328]. Generell gilt, dass es bei einer großen Anzahl an Konkurrenten schwieriger ist, eine passende Positionierungslücke zu finden als bei einer geringen Anzahl, da in diesem Fall die meisten relevanten Bedürfnisse und Wünsche der Konsumenten bereits bedient werden.[329] Auf imagespezifische Besonderheiten muss im Rahmen dieser Phase keine Rücksicht genommen werden.

Vor der Umsetzungsplanung ist es darüber hinaus wichtig, die Zielgruppe des Transferproduktes genau zu definieren, worauf im Rahmen der vorliegenden Arbeit jedoch nicht näher eingegangen wird[330]. Werden letztendlich sowohl die marktbezogenen als auch die unternehmensbezogenen Determinanten als positiv in Bezug auf den geplanten Markentransfer eingeschätzt, schließt sich die Phase der Umsetzungsplanung an.

---

[325] Vgl. Esch, F.-R. (2008), S. 395f.
[326] Vgl. Binder, C. U. (2005), S. 527ff.
[327] Vgl. Haedrich, G./ Tomczak, T. (1994), S. 932.
[328] Vgl. hierzu Kapitel 4.1.3
[329] Vgl. Esch, F.-R. (2008), S. 414.
[330] Für mögliche Merkmale zur Beschreibung der Zielgruppe siehe Böhler, H./ Scigliano, D. (2005), S. 43ff.

4.2 Umsetzungsplanung

4.2.1 Positionierung des Transferproduktes in Bezug auf die Stammmarke

Im Rahmen der Umsetzungsplanung gilt es, das Bündel an strategischen Maßnahmen für die Umsetzung des Markentransfers festzulegen. Dieses beinhaltet zum Einen die Positionierung des Transferproduktes in Bezug auf die Stammmarke und zum Anderen Entscheidungen im Hinblick auf die theoretische Ausgestaltung der Marketing-Mix-Instrumente, welche die angestrebte Positionierung unterstützen sollen.[331] Das Image der Stammmarke stellt bei einem Markentransfer die Grundlage für die **Positionierung des neuen Produktes** auf dem anvisierten Transfermarkt dar. Im Hinblick auf die konkrete Ausgestaltung der Positionierung kann hier zwischen zwei Varianten unterschieden werden: So besteht einerseits die Möglichkeit einer mit der Stammmarke identischen Positionierung des Transferproduktes, andererseits aber auch die Option einer kombinierten Positionierung, d.h. einer Verbindung der Positionierung der Stammmarke mit spezifischen Merkmalen des Transferproduktes[332].[333] Welche Strategie hier eingesetzt wird ist abhängig von der wahrgenommenen **Entfernung des Transferproduktbereichs**. So wird im Falle einer Line Extension von einem ‚nahen' Markentransfer, im Falle einer Concept Extension hingegen von einem ‚weiten' Markentransfer gesprochen. Darüber hinaus kann auch die komplementäre Nutzung des Stamm- und Transferproduktes einem ‚nahen' Markentransfer zugeordnet werden[334].[335] Für diesen ist es empfehlenswert, eine mit der Stammmarke identische Positionierung zu verfolgen, bei einem ‚weiten' Markentransfer sollte hingegen eine kombinierte Positionierung angestrebt werden, die es ermöglicht, einerseits die Stärken der Stammmarke zu betonen und andererseits auch eine Anpassung an die neue Transferproduktkategorie vorzunehmen.

---

[331] Vgl. Esch, F.-R. (2008), S. 396.

[332] Eine weitere denkbare Möglichkeit der Positionierung des Transferproduktes in Bezug auf die Stammmarke wäre eine ausschließlich transferproduktbezogene Positionierung, von der jedoch im Rahmen eine Markentransfers abgeraten wird, da hier der gewünschte Bezug zur Stammmarke verloren gehen würden. Vgl. Esch, F.-R. (2008), S 416f.; Esch, F.-R. et al. (2005), S. 938f. In diesem Fall wäre es vermutlich eher ratsam eine neue Marke einzuführen, statt eine bereits etablierte zu erweitern, da es sonst bspw. zu Verwirrungen beim Konsumenten oder auch einer Imageverwässerung kommen könnte.

[333] Vgl. Esch, F.-R. (2008), S. 415f.

[334] Ein Beispiel hierfür ist das Angebot von Kaffeefiltern der Kaffeemarke Jacobs. Vgl. Esch, F.-R./ Bille, P. (1996), S. 332.

[335] Vgl. Esch, F.-R. et al. (2005), S. 939.

Hierdurch werden sowohl die Akzeptanz des Transferproduktes erhöht als auch mögliche negative Auswirkungen auf die Stammmarke verhindert.[336]

Bezüglich der verschiedenen Imagestrukturtypen können, entsprechend dem jeweils identifizierten Transferprodukt, Positionierungsempfehlungen abgeleitet werden: So wird im Falle eines **produktgeprägten Markenimages**, dessen ausgewähltes Transferprodukt sich in der selben Produktkategorie befindet wie das Stammprodukt, zu einer identischen Positionierung geraten. Liegt hingegen ein **nutzengeprägtes Markenimage** vor, dessen Transferprodukt sich in einer anderen Produktkategorie befindet, wird eine kombinierte Positionierung empfohlen[337]. Im Falle eines Bedarfsverbunds sollte jedoch eine identische Positionierung angewandt werden.[338] Für eine **verwendergruppengeprägte Stammmarke** ist die Art der Positionierung des Transferproduktes abhängig von der Ausrichtung der Marke. Auch hier gelten obige Ausführungen bezüglich eines produkt- bzw. nutzengeprägten Markenimages wieder analog.

4.2.2 Berücksichtigung von Umsetzungskonstanten und -variablen

Die ausgewählte Art der Positionierung beeinflusst wiederum die Ausgestaltung der Marketing-Maßnahmen, die im Falle eines Markentransfers von sog. Umsetzungskonstanten und Umsetzungsvariablen abhängig ist.[339] Umsetzungskonstanten ergeben sich grundsätzlich aus der Stammmarke und den mit ihr besonders stark verbundenen Assoziationen (z.B. Eigenschaften, Vorstellungen, Bilder, etc.), Umsetzungsvariablen resultieren hingegen aus der Transferproduktkategorie.[340] Da **Umsetzungskonstanten** markenspezifische Merkmale darstellen, sollten diese bei der Durchführung eines Markentransfers nicht verändert werden, um den Bezug zur Stammmarke zu wahren und so deren Stärke sowie positives Image für das neue Produkt nutzen zu können. Den Umsetzungskonstanten kommt im Rahmen eines Markentransfers eine besonders wichtige Rolle zu, da sie das Image der Stammmarke und damit auch die erfolgversprechende,

---

[336] Vgl. Esch, F.-R. et al. (2005), S. 939.

[337] Ein Beispiel hierfür ist die Erweiterung der nutzengeprägten Marke Nivea in den Bereich der dekorativen Kosmetik, bei der nach wie vor die mit der Stammmarke verbundenen Schemaelemente dominant verwendet werden (z.B. die Farben Blau und Weiß, der Schriftzug, etc.), diese jedoch in der Kommunikationspolitik produktspezifisch ergänzt werden, indem von ‚Die Farben der Pflege' gesprochen wird. Vgl. Esch, F.-R. (2008), S. 416f.

[338] Vgl. Esch, F.-R. (2008), S. 416.

[339] Vgl. Esch, F.-R. (2008), S. 396.

[340] Vgl. Baumgarth, C. (2008), S. 166.

inhaltliche Transferklammer widerspiegeln sollen. **Umsetzungsvariablen** beziehen sich dagegen auf Gestaltungselemente, die es ermöglichen, die Stammmarke an eine andere Produktkategorie anzupassen. Art und Umfang der Umsetzungsvariablen resultieren aus den im Rahmen der Dehnungsanalyse ermittelten Assoziationen.[341] In welchem Maße diese bei der Ausgestaltung der Marketing-Mix-Instrumente tatsächlich verwendet werden, ist abhängig von der Positionierung des Transferproduktes. Im Falle einer identischen Positionierung werden Umsetzungskonstanten überwiegen, bei einer kombinierten Positionierung hingegen wird die Bedeutung der Umsetzungsvariablen zunehmen. In Bezug auf die verschiedenen Imagestrukturtypen sind Umsetzungskonstanten und -variablen daher entsprechend der oben vorgeschlagenen Positionierung einzusetzen.

Im folgenden Kapitel wird nun konkret auf die Ausgestaltung der einzelnen Marketing-Mix-Instrumente eingegangen, indem Empfehlungen für die zwei dargestellten Positionierungsarten abgegeben werden, die für die jeweiligen Imagestrukturtypen analog zu der in Kapitel 4.2.1 vorgeschlagenen Positionierung gelten.

4.2.3 Ausgestaltung des Marketing-Mix

4.2.3.1 Grundlegende Vorgehensweise

Bei der Ausgestaltung des Marketing-Mix ist es im Rahmen eines Markentransfers besonders wichtig, dass die einzelnen absatzpolitischen Instrumente sowohl auf vertikaler als auch auf horizontaler Ebene gut abgestimmt und integrativ kombiniert werden.[342] Da im Falle eines Markentransfers sowohl das Stammprodukt als auch das Transferprodukt imagebildend sind, kann eine mangelnde Abstimmung der Marketing-Mix-Instrumente (z.B. verschiedene Preisniveaus oder widersprüchliche Werbeaussagen für Stamm- und Transferprodukt) zu einer Verwässerung des Stammmarkenimages führen.[343] Nachfolgende Grafik soll diese erforderliche Koordination der einzelnen Instrumente noch einmal verdeutlichen:

---

[341] Vgl. Esch, F.-R. et al. (2005), S. 918.
[342] Vgl. Hätty, H. (1989), S. 305.
[343] Vgl. Schiele, T. P. (1999), S. 247.

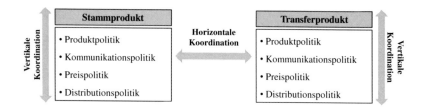

Abbildung 16: Vertikaler und horizontaler Koordinationsprozess
Quelle: in Anlehnung an Maier (1998), S. 164.

Grundsätzlich ist es wichtig, dass alle Marketing-Mix-Instrumente auf die identifizierte, inhaltliche Transferklammer zwischen Stammmarke und Transferprodukt ausgerichtet sind und diese mit Hilfe von Umsetzungskonstanten formal betonen.[344] Darüber hinaus muss im Falle einer kombinierten Positionierung das Image der Stammmarke durch produktspezifische Umsetzungsvariablen an die neue Produktkategorie angepasst werden.[345] Ziel der Marketing-Mix-Instrumente ist es, den Markentransfer für die Konsumenten in zweierlei Hinsicht wahrnehmbar zu machen: Einerseits sollen sie die Marke selbst erkennen und andererseits realisieren, dass diese auf ein neues Produkt übertragen wurde.[346] Darüber hinaus dienen die absatzpolitischen Instrumente auch dazu, das Transferprodukt von seinen Konkurrenten abzugrenzen und dessen eigenständigen Auftritt durch die konsequente Beibehaltung wesentlicher Markenattribute zu sichern.[347]

Im Einzelnen wird nun auf die produkt-, kommunikations-, preis- und distributionspolitischen Entscheidungen im Rahmen eines Markentransfers näher eingegangen.

---

[344] Vgl. Schiele, T. P. (1999), S. 248; Hätty, H. (1989), S. 306.
[345] Vgl. Hätty, H. (1989), S. 306; Esch, F.-R. (2008), S. 416.
[346] Vgl. Esch, F.-R. (2008), S. 418.
[347] Vgl. Esch, F.-R. (2007), S. 214.

4.2.3.2 Produktpolitische Entscheidungen

Im Rahmen der Produktpolitik gilt es, für das Transferprodukt die entsprechende Produktqualität, Produktausstattung und Markierung festzulegen[348].[349] Hinsichtlich der **Produktqualität** ist es wichtig, dass das Transferprodukt die gleichen, dem Stammprodukt entsprechenden Qualitätsstandards erfüllt, da ein geringeres Qualitätsniveau negative Auswirkungen auf die Stammmarke haben könnte. Besonders bei der Lizenzvergabe sollte hier auf die Einhaltung von Qualitätsstandards geachtet werden.[350] Das identische Qualitätsniveau stellt hier eine Umsetzungskonstante dar und ist für beide Arten der Positionierung von Bedeutung. Mit der **Produktausstattung** wird darüber hinaus die formal-ästhetische Gestaltung des Transferproduktes durch die Verpackung und das Produktdesign festgelegt.[351] Da die Verpackung einen starken Einfluss auf das Vorstellungsbild der Konsumenten in Bezug auf eine Marke hat, ist es besonders wichtig, dass diese adäquat gestaltet ist. Hier gilt: Je charakteristischer eine Verpackung ist, desto enger ist sie mit der jeweiligen Marke verknüpft und desto größer ist auch ihr Einfluss auf das Vorstellungsbild, das die Konsumenten zu dieser Marke haben. Eine Übertragung der Verpackung auf das Transferprodukt ist jedoch aus technischen oder produktklassenbedingten Gründen nicht immer möglich, so dass v.a. im Falle einer Concept Extension die Beibehaltung der Verpackung schwierig sein wird. Darüber hinaus sollte versucht werden, charakteristische Farben oder Farbkombinationen (z.B. NIVEA-Blau, MILKA-Lila, etc.) für die Stammmarke auch auf das Transferprodukt zu übertragen, um einen Bezug zu dieser herzustellen. Hier kann es jedoch ebenfalls zu Schwierigkeiten kommen, da nicht alle Farben für jede Produktkategorie geeignet sind[352]. Dies sollte daher bei der Verpackungsgestaltung unbedingt zusätzlich berücksichtigt werden und im Falle eines Widerspruchs ein Kompromiss gefunden werden, der die Zugehörigkeit des Transferproduktes zur Stammmarke dennoch erkennen lässt[353].[354] Auch FUCHS konnte

---

[348] Die programmpolitische Entscheidung der Ausgestaltung der Produktlinie wurde mit der Auswahl des entsprechenden Transferproduktes bereits getroffen. Vgl. Headrich, G./ Tomczak, T. (1996), S. 15.

[349] Vgl. Haedrich, G./ Tomczak, T. (1996), S. 15.

[350] Vgl. Hätty, H. (1989), S. 308f.

[351] Vgl. Hadrich, G./ Tomczak, T. (1996), S. 15.

[352] Für genauere Informationen zur psychologischen Wirkung von Farben siehe Frieling, H. (1980), S. 9ff., Behrens, G. (1982), S. 203 oder Mayer, H./ Däumer, U./ Rühle, H. (1982), S. 110ff.

[353] Ein Beispiel hierfür ist die Marke DR. OETKER, die für Tiefkühlprodukte aufgrund aufgetretener negativer Effekte für die Stammprodukte ihre Symbolfarbe von rot auf blau umstellte, das Logo an sich aber beibehielt. Vgl. Hätty, H. (1989), S. 312f.

mittels einer Studie nachweisen, dass im Falle eines ‚nahen' Markentransfers, bei dem eine identische Positionierung verfolgt wird, eine stammmarkenkonforme Verpackungsgestaltung eine besonders große Akzeptanz erzielt. Im Falle eines ‚weiten' Markentransfers erwies sich hingegen eine kombinierte Verpackungsgestaltung als vorteilhaft, was wiederum auch der in diesem Fall verfolgten kombinierten Positionierung entspricht.[355] In Bezug auf die **Markierung** des Transferproduktes müssen Entscheidungen hinsichtlich der Namensgebung und Kennzeichnung getroffen werden.[356] Hier besteht die Möglichkeit, für das Transferprodukt einen Namenszusatz zu wählen, bei dem die Stammmarke entweder eine über- oder untergeordnete Rolle spielt.[357] Im Rahmen eines Markentransfers sollte jedoch der Imagezusammenhang zwischen der etablierten Marke und dem Transferprodukt groß und die entsprechende inhaltliche Transferklammer für den Konsumenten klar erkennbar sein, damit die gewünschte Übertragung des positiven Images der Stammmarke auf das Transferprodukt erfolgt. Daher wird im Falle einer Entscheidung für einen Namenszusatz empfohlen, die Stammmarke dominant einzusetzen und durch den Namenszusatz lediglich zu ergänzen[358].[359] Die Entscheidung für oder gegen einen solchen Namenszusatz ist wiederum abhängig von der Art der Positionierung: Im Falle einer kombinierten Positionierung ist es daher durchaus denkbar, einen solchen Markenzusatz zu wählen, um eventuelle, negative Rückwirkungen auf die Stammmarke durch die fremde Kategoriezugehörigkeit des Transferproduktes zu verhindern.[360] Die hier beschriebenen produktpolitischen Entscheidungen wirken sich auch auf die übrigen Marketing-Mix-Instrumente aus, auf die im Folgenden näher eingegangen wird.[361]

---

[354] Vgl. Hätty, H. (1989), S. 310ff.

[355] Vgl. Fuchs, G. (2004), S. 312ff.

[356] Vgl. Haedrich, G./ Tomczak, T. (1996), S. 15.

[357] Vgl. Esch, F.-R. (2008), S. 421.

[358] Durch eine untergeordnete Rolle der Stammmarke würde der Imagezusammenhang zwischen Stamm- und Transferprodukt weniger deutlich herausgestellt werden. Hier ist es zwar dennoch möglich, positive Effekte der Stammmarke zu nutzen, jedoch in einem weitaus geringeren Maße. Ein dominanter Markenzusatz sollte dann verwendet werden, wenn mit dem Transferprodukt eine vom Stammprodukt abweichende Zielgruppe angesprochen werden soll, die sich bspw. in einem höheren oder niedrigeren Preissegment befindet. Eine solche Strategie ist daher v.a. im Rahmen eines vertikalen Markentransfers sinnvoll, dessen Betrachtung jedoch in vorliegender Arbeit ausgeschlossen wurde. Vgl. Esch, F.-R. et al. (2005), S. 911.

[359] Vgl. Esch, F.-R. (2008), S. 421.

[360] Vgl. Milberg, S. J./ Park, C. W./ McCarthy, M. S. (1997), S. 126.

[361] Vgl. Haedrich, G./ Tomczak, T. (1996), S. 17.

4.2.3.3 Kommunikationspolitische Entscheidungen

Zwischen der Produkt- und Kommunikationspolitik besteht bereits durch die kommunikative Wirkung von Verpackungs- und Markierungsentscheidungen eine Querbeziehung.[362] Entsprechend der Positionierung des Transferproduktes muss nun auch die Kommunikationspolitik mit Hilfe von Umsetzungskonstanten und Umsetzungsvariablen adäquat ausgestaltet werden. Vor allem diese trägt aktiv dazu bei, den Markentransfer und die entsprechende Transferklammer zwischen Stammmarke und Transferprodukt für den Konsumenten wahrnehmbar zu machen und deren Relevanz in der jeweiligen Produktkategorie zu betonen.[363] Die Kommunikationspolitik dient dazu, ein widerspruchsfreies Markenbild zu etablieren und die Glaubwürdigkeit der Marke somit langfristig zu sichern.[364] Darüber hinaus trägt v.a. sie dazu bei, durch eine konsequente Beibehaltung wesentlicher Markenattribute eine Abhebung des Transferproduktes von seinen Konkurrenten zu erreichen. Das neue Produkt soll in den Augen der Konsumenten einzigartig erscheinen, um eine Austauschbarkeit mit Konkurrenzprodukten zu verhindern.[365] Die gemeinsamen Eigenschaften von Stammmarke und Transferprodukt können im Rahmen der Kommunikationspolitik sowohl verbal als auch visuell betont werden.[366] Im Falle einer kombinierten Positionierung müssen Umsetzungsvariablen entsprechend eingesetzt werden.[367] Darüber hinaus gilt es im Rahmen des **werblichen Auftritts** festzulegen, ob für das Stamm- und Transferprodukt einzeln oder für beide Produkte zusammen geworben wird.[368] Letztere Variante wäre insbesondere für den Bedarfsverbund einer nutzengeprägten Stammmarke oder auch für eine verwendergruppengeprägte Stammmarke denkbar. Hierdurch würde die Verbundbeziehung bzw. das erweiterte Angebot für eine bestimmte Konsumentengruppe noch deutlicher hervorgehoben und das ganzheitliche Markenbild beim Konsumenten zusätzlich gestärkt werden. Des Weiteren können hierdurch auch gewisse Werbeersparnisse generiert werden.[369] Eine solche Form der Werbung ist insbesondere bei einer identischen Positionie-

---

[362] Vgl. Weinhold-Stünzi, H. (1991), S. 174.
[363] Vgl. Esch, F.-R. (2008), S. 418ff.; Caspar, M./ Burmann, C. (2005), S. 263.
[364] Vgl. Caspar, M./ Burmann, C. (2005), S. 266f.
[365] Vgl. Esch, F.-R. et al. (2005), S. 943.
[366] Vgl. Boush, D. M. (1993), S. 67ff.; Müller, S. (2002), S. 145ff.
[367] Vgl. Esch, F.-R. (2008), S. 416ff.
[368] Vgl. Hätty, H. (1989), S. 313.
[369] Vgl. Hätty, H. (1989), S. 316.

rung von Stamm- und Transferprodukt denkbar, da sie es nicht bzw. nur in eingeschränktem Maße erlaubt, auf produktspezifische Besonderheiten speziell durch Umsetzungsvariablen einzugehen. Die inhaltliche Klammer zwischen Stammmarke und Transferprodukt wird hier jedoch stärker betont als im Falle von Einzelproduktwerbungen, was besonders in der Einführungsphase des neuen Produktes hilfreich sein kann. Hier könnte bspw. auch eine disproportionale Produktdarstellung angewandt werden, bei der das Transferprodukt im Vordergrund steht, jedoch auch direkt mit dem Stammprodukt in Verbindung gebracht wird[370].[371] Bei einer kombinierten Positionierung ist jedoch vermutlich die Schaltung von Einzelproduktwerbungen sinnvoller, um hier mit Hilfe von Umsetzungsvariablen konkret auf die spezifischen Anforderungen der neuen Produktkategorie eingehen zu können[372]. Allerdings ist auch im Rahmen von Einzelproduktwerbungen die Herausstellung der gemeinsamen inhaltlichen Transferklammer von entscheidender Bedeutung.[373] Zudem wirft die Einführung des Transferproduktes Fragen hinsichtlich Allokation des Werbebudgets auf, auf die im Rahmen der vorliegenden Arbeit jedoch nicht näher eingegangen wird[374].[375]

4.2.3.4 Preispolitische Entscheidungen

Im Rahmen der Preispolitik wird unter Berücksichtigung der Produktkosten das vom Kunden zu entrichtende Leistungsentgelt festgelegt. Die **Preisermittlung**, auf die im Rahmen der vorliegenden Arbeit jedoch nicht näher eingegangen wird, kann sowohl auf

---

[370] Insbesondere bei großen Markenfamilien ist hier jedoch darauf zu achten, dass es zu keiner Überladung der Anzeige durch eine zu große Anzahl an dargestellten Produkten kommt. Vgl. Hätty, H. (1989), S. 317.

[371] Vgl. Hätty, H. (1989), S. 316f.

[372] Hier muss wiederum entschieden werden, ob die Einzelproduktwerbung parallel, d.h. für beide Produkte gleichzeitig, oder sequentiell, d.h. innerhalb eines bestimmten Zeitraums steht nur ein Produkt im Mittelpunkt der werblichen Ansprache, erfolgen soll. Es wird jedoch empfohlen, die parallele Einzelwerbung der sequentiellen vorzuziehen, da diese eine höhere langfristige Lernwirkung aufweist. Vgl. Hätty, H. (1989), S. 318.

[373] Vgl. Hätty, H. (1989), S. 318.

[374] Auf die einzelnen Instrumente der Kommunikationsgestaltung (z.B. Gestaltung der Botschaft, Auswahl des Kommunikators, etc.) wird im Rahmen der vorliegenden Arbeit ebenfalls nicht näher eingegangen, da hier keine konkreten Empfehlungen in Bezug auf ein bestimmtes Stammmarkenimage abgegeben werden können, sondern einzig die bereits beschriebene Verwendung von Umsetzungskonstanten und ggf. Umsetzungsvariablen von Bedeutung ist. Für genauere Informationen bezüglich der Kommunikationsgestaltung siehe Böhler, H./ Scigliano, D. (2005), S. 118.

[375] Vgl. Hätty, H. (1989), S. 319.

Vollkosten- als auch auf Teilkostenbasis erfolgen[376].[377] Der Preis beeinflusst insofern das Image der Stammmarke, als dass ein Zusammenhang zwischen dem wahrgenommenen Preis und der wahrgenommenen Qualität eines Produktes besteht.[378] Da der Preis für den Konsumenten direkt zugänglich ist und für ihn letztendlich eine einfache Vergleichsbasis darstellt, ist die horizontale Koordination der Preise von Stamm- und Transferprodukt besonders wichtig. Um ein einheitliches Image der Stammmarke zu vermitteln, müssen die Preise von Stamm- und Transferprodukt in Bezug auf ihre relative Preisstellung im Markt einander angepasst werden.[379] Als grober Anhaltspunkt bietet sich hier eine Dreiteilung in einen hoch-, einen mittel- und einen niedrigpreisigen Markt an.[380] Abhängig von der preislichen Positionierung des Stammproduktes, muss das Transferprodukt schließlich im selben Preissegment positioniert werden, um eine Verwässerung des Markenimages zu vermeiden[381]. Darüber hinaus müssen auch alle anderen absatzpolitischen Instrumente auf dieses Preissegment abgestimmt werden. Es besteht jedoch auch die Möglichkeit, durch eine leichte, vorsätzliche Höherstellung des Transferproduktpreises, langfristig eine Aufwertung der Stammmarke zu erreichen.[382] Die Positionierung des Transferproduktes im identischen Preissegment stellt eine Umsetzungskonstante dar und gilt für beide Arten der Positionierung. Leichte Preisvariationen, insbesondere im Falle einer kombinierten Positionierung, können als produktspezifische Umsetzungsvariablen interpretiert werden. Hinsichtlich möglicher **preispolitischer Strategien** im Rahmen der Programmpolitik müssen im Falle eines Markentransfers eventuelle Absatzinterdependenzen zwischen dem Stamm- und Transferprodukt beachtet werden. Im Falle eines Bedarfsverbunds muss daher bspw. die Komplementärbeziehung zwischen Stamm- und Transferprodukt beachtet werden, so dass es bei der Preissenkung eines Produktes zu dessen Mengenzunahme und gleichzeitig auch zur Mengenzunahme des anderen Produktes kommt. Darüber hinaus können bei einer Line

---

[376] Für genauere Informationen bezüglich der Preisermittlung siehe Böhler, H./ Scigliano, D. (2005), S. 140ff.

[377] Vgl. Böhler, H./ Scigliano, D. (2005), S. 140f.

[378] Vgl. Von Rosenstiel, L./ Ewald, G. (1979), S. 67ff.

[379] Vgl. Hätty, H. (1989), S. 322.

[380] Vgl. Becker, J. (1983), S. 34f.

[381] Eine Ausnahme bildet hier der vertikale Markentransfer, bei dem sich die Stammmarke und das Transferprodukt in unterschiedlichen Preissegmenten befinden. Vgl. Sattler, H./ Völckner, F. (2006), S. 70. Auf diesen Fall wird allerdings, wie bereits erwähnt, im Rahmen der vorliegenden Arbeit nicht näher eingegangen.

[382] Vgl. Hätty, H. (1989), S. 322f.

Extension, insbesondere im Falle eines nutzengeprägten Markenimages, Substitutionsbeziehungen auftreten, so dass die Preissenkung eines Produktes zum Mengenrückgang eines anderen Produktes führt.[383] Im Extremfall kann es hier sogar zur vollständigen Kannibalisierung von Produkten kommen.[384] Um dies zu verhindern, muss der Unterschied zwischen den einzelnen Produkten trotz einer identischen Positionierung klar erkennbar sein. Des Weiteren besteht v.a. im Zusammenhang mit einem Bedarfsverbund bzw. der Ausrichtung auf eine bestimmte Konsumentengruppe die Möglichkeit, eine Preisbündelung vorzunehmen, bei der das Stamm- und das Transferprodukt letztendlich als Paket angeboten werden[385].[386]

4.2.3.5 Distributionspolitische Entscheidungen

Für die Distributionspolitik im Rahmen eines Markentransfers gilt, dass dessen Erfolgsaussichten dann besonders gut sind, wenn für die Distribution des Transferproduktes dieselben **Absatzwege** verwendet werden wie für das Stammprodukt. Dies liegt einerseits daran, dass im Falle einer bereits erfolgreichen Stammmarke die Handelsakzeptanz und –unterstützung in Bezug auf das neue Produkt besonders groß ist und andererseits durch den gleichen Distributionskanal die räumliche Nähe zum Stammprodukt gegeben ist, was schließlich Verbundkäufe generieren kann. Die Verwendung identischer Absatzwege ist jedoch nicht immer möglich, da es v.a. bei einer Concept Extension sein kann, dass das Transferprodukt typischerweise über andere Kanäle vertrieben wird als das Stammprodukt und die Konsumenten ihre Einkaufsgewohnheiten diesbezüglich nicht aufgrund eines Markentransfers ändern werden. In einem solchen Fall muss sich das Unternehmen zwangsweise für heterogene Vertriebswege entscheiden und kann den Vorteil einer höheren Handelsakzeptanz somit nicht nutzen[387].[388] Können Vertriebswe-

---

[383] Vgl. Böhler, H./ Scigliano, D. (2005), S. 161.

[384] Vgl. Esch, F.-R. (2008), S. 370.

[385] Hinsichtlich weiterer preispolitischer Strategien (z.B. Skimming-Pricing, Penetration-Pricing, Preisdifferenzierung) können in Bezug auf die Art des Markentransfers oder des Imagestrukturtyps keine weiteren Empfehlungen abgegeben werden. Für genauere Informationen bezüglich dieser Strategien siehe Böhler, H./ Scigliano, D. (2005), S. 156ff.

[386] Für genauere Informationen bezüglich der Preisbündelung siehe Böhler, H./ Scigliano, D. (2005), S. 163.

[387] Durch die Verwendung unterschiedlicher Vertriebswege entsteht zudem ein höherer horizontaler Koordinationsaufwand, auf den im Rahmen der vorliegenden Arbeit jedoch nicht näher eingegangen wird. Vgl. Hätty, H. (1989), S. 320.

[388] Vgl. Hätty, H. (1989), S. 319ff.

ge jedoch gemeinsam genutzt werden, liegt es im Interesse des Herstellers, dass das Stamm- und das Transferprodukt möglichst gemeinsam im **Regal** präsentiert werden, um hierdurch Verbundkäufe zu erzeugen.[389] Da der Handel jedoch sortimentsorientiert denkt, um den Kunden die Orientierung zu erleichtern, ist eine solche Anordnung nur in den seltensten Fällen möglich. Eine gemeinsame Produktdarbietung ist daher meist, wenn überhaupt, nur zeitlich begrenzt als sog. Zweitplatzierung möglich[390].[391] Das Streben nach gleichen Distributionskanälen und einer gemeinsamen Produktdarbietung ist unabhängig von der Art der Positionierung. Im Falle eines Bedarfsverbunds und einer verwendergruppengeprägten Ausrichtung der Stammmarke ist eine gemeinsame Regalplatzierung jedoch besonders erstrebenswert, da Produkte hier komplementär genutzt bzw. speziell von einer bestimmten Konsumentengruppe gekauft werden können[392].

4.3 Erfolgsabschätzung

4.3.1 Erfolgsabschätzung für das Transferprodukt

Bevor das Transferprodukt schließlich in den Markt eingeführt wird, sollte es auf seine Akzeptanz und seinen ökonomischen Erfolg hin getestet werden, um einen Flop zu vermeiden. Darüber hinaus können bei der Durchführung dieser Tests auch Informationen bezüglich einer möglichen Produktverbesserung oder Hinweise auf Fehler in der Marketing-Planung gewonnen werden.[393] Die Erfolgsabschätzung für das Transferprodukt basiert auf ökonomischen Größen, die jedoch durch psychographische Indikatoren sinnvoll ergänzt werden können.[394] Eine **ökonomische Größe**, die häufig für die Entscheidung bezüglich einer Produkteinführung verwendet wird, ist der prognostizierte Marktanteil des jeweiligen Produktes. Hier lassen sich grundsätzlich zwei Methoden unterscheiden, wie dieser in der Praxis ermittelt werden kann: Zum Einen mit Hilfe eines Labortests, der in einem künstlichen Umfeld abläuft und dessen Bedingungen vom Ex-

---

[389] Vgl. Neuhaus, C. F./ Taylor, J. R. (1972), S. 419ff.

[390] Eine Ausnahme bilden in diesem Zusammenhang hochwertige Produkte v.a. der Bekleidungs- und Kosmetikindustrie (z.B. D<small>IOR</small>, B<small>OSS</small>, etc.), die ihr Sortiment bspw. in einem Shop-in-Shop-System oder sogar in einem eigenen Geschäft nebeneinander anbieten. Vgl. Hätty, H. (1989), S. 321f.

[391] Vgl. Hätty, H. (1989), S. 321.

[392] Auf konkrete distributionspolitische Strategien wird im Rahmen der vorliegenden Arbeit nicht näher eingegangen. Für genauere Informationen hierzu siehe Böhler, H./ Scigliano, D. (2005), S. 164ff.

[393] Vgl. Böhler, H. (2005), S. 98.

[394] Vgl. Baumgarth, C. (2008), S. 167.

perimentator festgelegt werden, und zum Anderen durch einen Markttest, der im Gegensatz dazu in einem natürlichen Umfeld (z.B. Einzelhandelsgeschäfte in einer Stadt oder einem Bundesland) abläuft. Ein typischer Labortest ist die sog. Testmarktsimulation (TeSi), bei der das neu einzuführende Produkt, in diesem Fall das Transferprodukt, neben den bereits am Markt etablierten Konkurrenzprodukten einer ausgewählten Zielgruppe angeboten wird. Anhand der ermittelten Erst- und Wiederkaufsrate ist es möglich einen Marktanteil zu prognostizieren, der letztendlich als Erfolgsmaßstab für das Transferprodukt herangezogen werden kann. Ist der vorhergesagte Marktanteil zu niedrig, wird die Einführung des neuen Produktes verworfen oder versucht, im Rahmen des Marketing-Mix Änderungen vorzunehmen und das Produkt anschließend noch einmal zu testen. Im Gegensatz dazu wird der Erfolg des Transferproduktes bei einem Markttest in einem begrenzten Marktgebiet überprüft (z.B. in dem lokalen Testmarkt der GfK in Hassloch). Auch hier werden dessen Marktanteil anhand von Erst- und Wiederkaufraten prognostiziert und mögliche Verbesserungen bezüglich der Ausgestaltung einzelner Marketing-Mix-Instrumente erkennbar[395].[396] Bezüglich der **psychographischen Erfolgsabschätzung** für das Transferprodukt bietet sich bspw. die Durchführung einer Imageanalyse[397] an, die zusätzlich im Rahmen eines Labor- oder Markttests durchgeführt werden kann.[398] Diese gibt Auskunft über die mit dem Transferprodukt verbundenen Assoziationen und dessen Differenzierung gegenüber den Wettbewerbern.[399] Darüber hinaus können hier Schlussfolgerungen gezogen werden, inwiefern das Image der Stammmarke tatsächlich auf das Transferprodukt übertragen und die inhaltliche Transferklammer von den Konsumenten wahrgenommen wird.[400] Außerdem gibt die Imageanalyse ebenfalls Auskunft darüber, ob die eingesetzten Marketing-Mix-Instrumente ihr Ziel erreicht haben und bietet dementsprechend auch Ansatzpunkte für deren Optimierung.[401] Die hier beschriebenen Tests sind unabhängig von der Art der Positionierung und laufen prinzipiell für alle Transferprodukte gleich ab.

---

[395] Für genauere Informationen bezüglich Markt- und Labortests einschließlich deren Vor- und Nachteile siehe Böhler, H. (2004), S. 55ff. und Böhler, H./ Scigliano, D. (2005), S. 98f.
[396] Vgl. Böhler, H. (2004), S. 55ff.; Böhler, H./ Scigliano, D. (2005), S. 98f.
[397] Vgl. hierzu Kapitel 4.1.1.
[398] Vgl. Baumgarth, C. (2008), S. 167; Sattler, H./ Völckner, F. (2007), S. 230f.
[399] Vgl. Sattler, H./ Völckner, F. (2007), S. 230f.
[400] Vgl. Esch, F.-R. (2008), S. 64ff.
[401] Vgl. Esch, F.-R. (2008), S. 404.

4.3.2 Erfolgsabschätzung für die Stammmarke

Bei einem Markentransfer muss jedoch nicht nur der Erfolg des Transferproduktes, sondern auch dessen Auswirkung auf die Stammmarke berücksichtigt werden. Hierfür ist es wichtig, sog. Spill-Over-Effekte im Voraus mit Hilfe von Experimenten abzuschätzen.[402] Dies kann auch hier wieder sowohl anhand ökonomischer als auch psychographischer Größen erfolgen. Mit Hilfe eines Labor- oder Markttests kann der Marktanteil des Stammproduktes nach der Einführung des Transferproduktes prognostiziert und mit dem in einer Kontrollgruppe ermittelten Marktanteil vor Durchführung des Markentransfers verglichen werden. Ist der vorhergesagte Marktanteil in der Experimentgruppe größer als in der Kontrollgruppe, kann von positiven Spill-Over-Effekten des Transferproduktes ausgegangen werden.[403] Darüber hinaus kann auch hier wieder im Rahmen der eben beschriebenen Labor- und Markttests zusätzlich eine **Imageanalyse** für die Stammmarke durchgeführt werden. Anhand dieser wird erkennbar, ob die Einführung des Transferproduktes zu einer Verwässerung des Markenimages führt oder dieses lediglich vorteilhaft ergänzt.[404] Im Falle einer Imageverwässerung müssen die Marketing-Mix-Instrumente entsprechend verändert werden oder, falls dies nicht möglich ist, von der Einführung des neuen Produktes abgesehen werden. Bestärkt der Markentransfer hingegen das Image der Stammmarke und beeinflusst dieses möglicherweise sogar positiv, kann die geplante Markenerweiterung durchgeführt werden. Zudem besteht im Rahmen der psychographischen Erfolgsabschätzung die Möglichkeit, den **Wert der Stammmarke**[405] mit und ohne das Transferprodukt zu messen. Ist der Wert im Falle einer Durchführung des Markentransfers größer als ohne, kann von positiven Spill-Over-Effekten ausgegangen werden. Des Weiteren gibt der Markenwert auch Auskunft darüber, inwiefern ein hoher prognostizierter Marktanteil des Transferproduktes dem Bezug zur Stammmarke zuzurechnen ist bzw. inwiefern unabhängige Eigenschaften des Transferproduktes hierfür verantwortlich sind.[406] Auch für die Erfolgsprognose der Stammmarke ist der Ablauf der beschriebenen Tests unabhängig von der Art der Positionierung.

---

[402] Vgl. Baumgarth, C. (2008), S. 167.
[403] Vgl. Sattler, H./ Völckner, F. (2007), S. 233f.
[404] Vgl. Sattler, H./ Völckner, F. (2007), S. 234.
[405] Für genauere Informationen zur Messung des Markenwerts siehe Frahm, L. G. (2004), S. 50ff. oder Sattler, H. (2001), S. 156ff.
[406] Vgl. Sattler, H./ Völckner, F. (2007), S. 230.

Falls die Erfolgsprognose sowohl für die Stammmarke als auch für das Transferprodukt positiv ausfällt, kommt es im nächsten Schritt zur Einführung des neuen Produktes. Bei negativen Ergebnissen müssen, wie bereits erwähnt, wenn möglich Änderungen am Marketing-Mix oder am Produkt selbst vorgenommen und die Tests anschließend noch einmal durchgeführt werden. Sind keine Änderungen möglich, sollte von der Durchführung des Markentransfers abgesehen werden.

4.4 Markteinführung

Bei der Einführung des Transferproduktes muss die in der Umsetzungsphase festgelegte und mit Hilfe von Labor- und Markttests überprüfte Ausgestaltung der Marketing-Mix-Instrumente umgesetzt werden. Das neue Produkt und sein Bezug zur Stammmarke müssen für den Konsumenten dabei klar erkennbar sein.[407] Mit der **Implementierung** des neuen Produktes am Markt, tritt die Stammmarke nun nicht mehr als Einzelmarke, sondern als Dach- oder Familienmarke auf, was bereits die Forderung nach einem einheitlichen Erscheinungsbild der unter ihr geführten Produkte impliziert.[408] Falls die Stammmarke bereits vorher eine Dach- oder Familienmarke war, muss das neue Produkt entsprechend eingliedert werden.[409] Zudem ist im Rahmen der Markteinführung die Existenz einer geeigneten **Marketing-Organisation** von Bedeutung, welche letztendlich die Planung, Realisation und Kontrolle aller marktgerichteten Tätigkeiten unter Berücksichtigung von Umwelterfordernissen und notwendigen Abstimmungen mit anderen Unternehmensfunktionen übernimmt[410].[411] Darüber hinaus muss bei der Einführung des Transferproduktes zusätzlich das **Timing** beachtet werden, das wiederum abhängig ist von taktischen und strategischen Überlegungen[412].[413] Sowohl die Form der Marketing-Organisation als auch das Timing sind unabhängig von der Art der Positionierung und müssen für den Einzelfall individuell festgelegt werden.

---

[407] Vgl. Esch, F.-R. et al. (2005), S. 942f.

[408] Vgl. Fuchs, M. (2004), S. 29.

[409] Vgl. Esch, F.-R. (2008), S. 349.

[410] Für genauere Informationen bezüglich der verschiedenen Marketing-Organisationsformen siehe Böhler, H./ Scigliano, D. (2005), S. 180ff.

[411] Vgl. Böhler, H./ Scigliano, D. (2005), S. 180.

[412] Für genauere Informationen bezüglich des Timings von Produkteinführungen siehe Haedrich, G./ Tomczak, T. (1996), S. 224f.

[413] Vgl. Haedrich, G./ Tomczak, T. (1996), S. 224.

4.5 Kontrolle

4.5.1 Erfolg des Transferproduktes

Parallel mit der Einführung des Transferproduktes muss außerdem ein Kontrollsystem aufgebaut werden, das den Erfolg des Transferproduktes und der Stammmarke überwacht.[414] Ebenso wie die Erfolgsabschätzung, kann auch die Kontrolle anhand ökonomischer und psychographischer Größen erfolgen. Der **wirtschaftliche Erfolg** des Transferproduktes kann daher bspw. mit Hilfe eines Handelspanels, das Auskunft über den Umsatz, den Marktanteil oder auch die Absatzmenge des neuen Produktes gibt, kontrolliert werden[415].[416] Darüber hinaus kann die ökonomische Erfolgsmessung sinnvoll durch **psychographische Größen**, wie z.B. Bekanntheit, Einstellung oder Zufriedenheit, ergänzt werden, da diese nachweislich in direktem Zusammenhang mit den Marketing-Maßnahmen stehen.[417] Zudem wird auch hier zur Durchführung eine Imageanalyse geraten, um zu überprüfen, inwiefern das Image der Stammmarke tatsächlich auf das Transferprodukt übertragen wurde. Die Kontrolle läuft ebenfalls unabhängig von der Art der Positionierung für jedes Transferprodukt gleich ab.

4.5.2 Erfolg der Stammmarke

Darüber hinaus muss neben dem Erfolg des Transferproduktes auch der Erfolg der Stammmarke kontrolliert werden. Hierfür können ebenfalls wieder sowohl ökonomische als auch psychographische Größen verwendet werden. Der wirtschaftliche Erfolg des Stammproduktes kann analog dem des Transferproduktes mit Hilfe von Paneldaten kontrolliert werden. Zudem können auch hier **psychographische Erfolgsgrößen** herangezogen werden, welche die ökonomischen Daten sinnvoll ergänzen. Mit der Durchführung einer Imageanalyse für die Stammmarke wird erkennbar, ob deren Image durch den Markentransfer verwässert wurde oder dieser eventuell sogar negative Assoziationen in Bezug auf die Stammmarke hervorgerufen hat.[418] Des Weiteren besteht auch hier die Möglichkeit, den **Wert der Stammmarke** zu messen und diesen mit dem Wert vor

---

[414] Vgl. Baumgarth, C. (2008), S. 167.
[415] Für genauere Informationen bezüglich Panels siehe Günther, M./ Vossebein, U./ Wildner, R. (1998), S. 1ff.
[416] Vgl. Baumgarth, C. (2008), S. 167; Günther, M./ Vossebein, U./ Wildner, R. (1998), S. 93ff.
[417] Vgl. Böhler, H./ Scigliano, D. (2005), S. 189f.
[418] Vgl. Sattler, H./ Völckner, F. (2007), S. 230f.; Esch, F.-R. (2008), S. 64ff.

der Einführung des Transferproduktes zu vergleichen. Hierdurch wird sichtbar, ob und inwiefern dieser durch das neue Produkt gesteigert werden konnte.[419] Der Ablauf der Erfolgskontrolle für die Stammmarke ist wiederum unabhängig von der Positionierungsart.

4.6 Zwischenfazit

Nachfolgend werden die Ergebnisse des vierten Kapitels noch einmal zusammenfassend dargestellt: Grundsätzlich bildet die Analyse der Stammmarke, als erster Schritt der Konzeptionsphase, das Fundament jedes Markentransfers. Hierauf aufbauend wurde das Transferpotential der Stammmarke, in Abhängigkeit von ihrem Imagestrukturtyp, analysiert. Als Ergebnis dieses Schrittes ließ sich festhalten, dass eine produktgeprägte Marke das geringste und eine nutzengeprägte Marke mit emotionaler Ausrichtung das größte Transferpotential besitzt. Darüber hinaus bestehen auch im Falle eines Bedarfsverbunds vielversprechende Erfolgsaussichten für einen Markentransfer. Ausgehend von dem ermittelten Transferpotential, wurden in einem nächsten Schritt, unter Berücksichtigung der durch das Stammmarkenimage geprägten inhaltlichen Transferklammer, sowohl aus der Inside-Out- als auch aus der Outside-In-Perspektive geeignete Transferprodukte identifiziert. Zur Beurteilung deren Akzeptanz beim Konsumenten, schloss sich eine sog. Fitanalyse an. Im Anschluss daran wurde auf Basis des gedächtnistheoretischen Erklärungsmodells von EsCH eine tiefergehende Dehnungsanalyse durchgeführt, mittels derer das für die jeweilige Stammmarke am besten geeignete Transferprodukt ausgewählt wurde. Die Entscheidung erfolgte hier auf Basis von Imagekongruenzen zwischen der Stammmarke und dem Transferprodukt, so dass letztendlich das Produkt für den Markentransfer ausgewählt wurde, das die meisten und stärksten Imagekongruenzen mit der Stammmarke aufwies. Im Falle eines produktgeprägten Markenimages wird vermutet, dass sich dieses Produkt in derselben Produktkategorie befindet wie das Stammprodukt. Im Falle eines nutzengeprägten Markenimages kann sich das am besten geeignete Transferprodukt jedoch durchaus auch in einer anderen Produktkategorie befinden. Im Anschluss daran wurden zusätzlich markt- und unternehmensbezogene Determinanten berücksichtigt und darauf hingewiesen, dass die Zielgruppe des neuen Produktes an dieser Stelle genau definiert werden muss. Im Rahmen der Umsetzungsplanung wurden sodann sowohl die Positionierung des Transferproduktes als auch die

---

[419] Vgl. Böhler, H./ Scigliano, D. (2005), S. 190; Caspar, M./ Burmann, C. (2005), S. 263.

theoretische Ausgestaltung der Marketing-Mix-Instrumente festgelegt. Welche Art der Positionierung letztendlich angewandt wird, ist abhängig von dem für die Stammmarke ausgewählten Transferprodukt. Befindet sich dieses in derselben Produktkategorie wie das Stammprodukt, wird zu einer identischen Positionierung des neuen Produktes geraten. Gleiches gilt für den Fall, dass das ausgewählte Transferprodukt in einer komplementären Beziehung zu dem Stammprodukt steht. Gehört das Transferprodukt jedoch einer anderen Produktkategorie an als das Stammprodukt, wird eine kombinierte Positionierung empfohlen, da es diese ermöglicht, bei der Ausgestaltung der Marketing-Mix-Instrumente konkret produktspezifische Besonderheiten zu berücksichtigen. Darüber hinaus müssen, in Bezug auf die Ausgestaltung der Marketing-Mix-Instrumente, im Rahmen eines Markentransfers insbesondere Umsetzungskonstanten berücksichtigt werden, die sich aus der Stammmarke und den mit ihr verbundenen Assoziationen ergeben. Im Falle einer kombinierten Positionierung können diese adäquat durch produktspezifische Umsetzungsvariablen ergänzt werden. Wie die Umsetzungskonstanten und -variablen konkret für die einzelnen Marketing-Mix-Instrumente aussehen, wurde in einem nächsten Schritt erläutert. Zudem wurde auf die Relevanz der vertikalen und horizontalen Abstimmung der einzelnen Instrumente verwiesen, um eine eindeutige Positionierung des Transferproduktes zu erreichen und eine Verwässerung des Stammmarkenimages zu vermeiden. Im Anschluss daran wurde auf die Durchführung von Markt- und Labortests für die Abschätzung des ökonomischen und psychographischen Erfolgs für das Transferprodukt und die Stammmarke verwiesen. Wird dieser positiv beurteilt, kommt es schließlich zur Einführung des neuen Produktes, bei der die geplanten Marketing-Mix-Instrumente konkret eingesetzt werden. Außerdem muss die Existenz einer geeigneten Marketing-Organisation sichergestellt werden, die alle marktgerichteten Tätigkeiten plant, realisiert und kontrolliert. Gleichzeitig gilt es, ein geeignetes Kontrollsystem zu implementieren, das einerseits den Erfolg des Transferproduktes und andererseits den Erfolg der Stammmarke sowohl ökonomisch als auch psychographisch überwacht. Hier wird erkennbar, ob der gewünschte Imagetransfer tatsächlich vollzogen wurde, welche Auswirkungen der Markentransfer für die Stammmarke hat und inwiefern dieser auch in wirtschaftlicher Hinsicht erfolgreich war.

5 Schlussbetrachtung

5.1 Zusammenfassung und Fazit

Vor dem Hintergrund der eingangs beschriebenen immer kostspieliger und zeitaufwändiger werdenden Einführung neuer Marken sowie der gegenwärtigen Existenz einer großen Markenfülle, stellt die Strategie des Markentransfers sicherlich eine vielversprechende Möglichkeit dar, adäquat auf die zunehmend ausdifferenzierten Kundenwünsche zu reagieren. Um jedoch das Potential, das diese Strategie bietet, optimal ausnutzen zu können und einen Misserfolg des Markentransfers zu vermeiden, bedarf es einer sorgfältigen Planung. In diesem Zusammenhang stellt die genaue Analyse der Stammmarke einen entscheidenden Erfolgsfaktor dar. Ausgehend von dem bei dieser ermittelten Markenimage wurden im Rahmen der vorliegenden Arbeit potentielle Transferprodukte identifiziert und letztendlich auch die Auswahl für das am besten geeignete Produkt getroffen. Das Image der Stammmarke determinierte deren Transferpotential und damit auch die Auswahl an geeigneten Transferprodukten. Die Entscheidung für ein bestimmtes Transferprodukt war letztendlich abhängig von der Imagekongruenz zwischen Stammmarke und Transferprodukt, welche die inhaltliche Klammer zwischen diesen beiden widerspiegelt. Für die erfolgreiche Übertragung des positiven Images und Vertrauens auf das neue Produkt ist diese Transferklammer von besonderer Bedeutung, da erst sie es ermöglicht, mit Hilfe der Stammmarke, eine starke, vorteilhafte und differenzierende Verankerung des Transferproduktes im Wahrnehmungsraum der Konsumenten zu erreichen. Grundsätzliche Voraussetzung ist hier jedoch die Stärke und Bekanntheit der Stammmarke. Darüber hinaus sollte das Unternehmen oder sein Partner für den Markentransfer über ausreichende Ressourcen verfügen, um die Einführung des neuen Produktes marketingtechnisch angemessen unterstützen und hierdurch die Akzeptanz bei den Konsumenten und im Handel erhöhen zu können.[420]

Die in vorliegender Arbeit gegebenen Empfehlungen bezüglich der verschiedenen Imagestrukturtypen stellen letztendlich Leitlinien dar, die als Anhaltspunkte für die Planung eines erfolgreichen Markentransfers dienen sollen. Kritisch ist hier allerdings zu sehen, dass die eindeutige Zuordnung einer Marke zu einem produkt-, nutzen- oder verwendergruppengeprägten Imagestrukturtyp aufgrund der Vielzahl existierender Mar-

---

[420] Vgl. Caspar, M./ Burmann, C. (2005), S. 268.

kenimages nicht immer eindeutig möglich ist. Jedoch selbst im Falle einer klaren Zuordnung, kann es im Einzelfall sinnvoll sein, eine von der gegebenen Empfehlung abweichende Form des Markentransfers zu wählen. So besteht für ein nutzengeprägtes Markenimage durchaus auch die Möglichkeit eine Line Extension durchzuführen. Für eine produktgeprägte Stammmarke dürfte es hingegen aufgrund ihrer starken prototypischen Bindung an eine Produktkategorie schwierig sein, eine Erweiterung in eine andere Produktkategorie vorzunehmen. Denkbar wäre hier jedoch eine Umpositionierung der Stammmarke, durch die deren starke Produkt-Marken-Bindung aufgehoben und letztendlich die Erweiterung in eine andere Produktkategorie ermöglicht wird[421].[422] Auch die Empfehlungen hinsichtlich der Positionierungsart sind lediglich als Leitlinien zu betrachten, so dass auch hier im Einzelfall durchaus erfolgversprechende Abweichungen möglich sein können. Im Falle eines Bedarfsverbunds kann daher bspw. auch eine kombinierte Positionierung sinnvoll sein, wenn in der Produktkategorie des Transferproduktes spezifische Besonderheiten hervorgehoben werden müssen.

Grundsätzlich ist es bei der Auswahl des geeigneten Transferproduktes jedoch wichtig, die mit der Stammmarke verbundenen Assoziationen der Konsumenten nicht nur vereinzelt, sondern umfassend zu berücksichtigen. Die Konzentration auf lediglich wenige Assoziationen reicht nicht aus, um eine sichere Basis für einen Markentransfer zu bilden.[423] Darüber hinaus ist ebenso die Relevanz der durch das Image der Stammmarke vermittelten Eigenschaften in der jeweiligen Produktkategorie von Bedeutung. Denn nur, wenn die inhaltliche Klammer zwischen Stammmarke und Transferprodukt auch in der entsprechenden Produktkategorie von den Konsumenten als vorteilhaft und einzigartig wahrgenommen wird, kann dies den Erfolg des Markentransfers sichern.[424]

---

[421] Ein Beispiel hierfür ist die Marke NIVEA, die von einer produktgeprägten Marke (Creme) hin zu einem nutzengeprägten Pflegeprodukt umpositioniert wurde. Vgl. Esch, F.-R. (2008), S. 400. Eine solche Umpositionierung bringt jedoch auch Gefahren mit sich, auf die im Rahmen der vorliegenden Arbeit allerdings nicht näher eingegangen wird. Vgl. Reinstrom, C. (2008), S. 25. Für genauer Informationen bezüglich der Umpositionierung einer Marke siehe Bünte, C. (2005), S. 50ff.

[422] Vgl. Esch, F.-R. (2008), S. 400.

[423] Vgl. Keller, K. L. (2001), S. 802.

[424] Vgl. Caspar, M./ Burmann, C. (2005), S. 265.

5.2 Ausblick

Prinzipiell ist die Strategie des Markentransfers ist ihrer Hauptalternative, der Neumarkenstrategie, in Bezug auf ihre Kosten-Nutzen-Relation überlegen. Dies gilt insbesondere dann, wenn die Kenntnisse des Konsumenten zur Transferproduktkategorie niedrig sind, es sich bei dem neuen Produkt um ein Erfahrungsgut handelt oder aber die Produktkategorie an sich neu ist. Hier kommt der Vertrauensvorsprung der bereits etablierten Marke besonders zum Tragen und mindert letztendlich das Kaufrisiko für den Konsumenten.[425] Wie weit jedoch eine Marke maximal gedehnt werden kann, wurde bisher nur unzureichend untersucht. So herrschen in der Literatur gegensätzliche Meinungen bezüglich der Vorteilhaftigkeit einer hohen Anzahl an Markentransfers. Hier wird einerseits behauptet, dass das Image der Stammmarke durch eine zu hohe Anzahl an Transferprodukten und einer damit einhergehenden, nicht eindeutigen Kategoriezugehörigkeit verwässert wird. Andererseits existiert jedoch auch die Aussage, dass gerade durch eine systematische Erweiterung der Stammmarke deren Position in der Vorstellung der Konsumenten gestärkt und ihr Wert erhöht wird.[426] Grundsätzlich ist es ratsam, um eine Verwässerung des Markenimages zu vermeiden, eine Marke langsam zu erweitern, d.h. für einen Markentransfer sollten zunächst Produkte verwendet werden, die sehr nah am Markenkern liegen und es in erster Linie ermöglichen, die Kompetenz der Marke zu steigern. Im Anschluss daran sind jedoch auch Transfers in weiter entfernte Produktkategorien denkbar.[427] Prinzipiell muss jedoch vor jeder Einführung eines neuen Produktes abgewogen werden, ob die Strategie des Markentransfers tatsächlich der Neumarkeneinführung vorzuziehen ist. Es muss darauf geachtet werden, dass mit der Durchführung des Markentransfers nicht die Chance vergeben wird, mit einer neuen Marke ein attraktives und wachstumsfähiges Produktfeld neu und einzigartig zu besetzen. Jedoch auch im Falle einer Neumarkeneinführung spielt die Strategie des Markentransfers eine wichtige Rolle. Denn erst durch eine anschließende Erweiterung dieser neuen Marke ist es möglich, vorhandene Wachstumspotentiale optimal zu nutzen. Die Strategie des Markentransfers wird daher sicherlich auch in Zukunft weiter von Bedeutung sein.[428]

---

[425] Vgl. Smith, D. C./ Park, C. W. (2001), S. 865.
[426] Vgl. Smith, D. C./ Park, C. W. (2001), S. 848.
[427] Vgl. Esch, F.-R. (2008), S. 349ff.
[428] Vgl. Esch, F.-R. (2008), S. 421.

Anhang

Anhang 1: Erklärungsansätze zur Wesensbestimmung von Marken

Definitionsansatz	Erklärung
Merkmalsorientiert	Der merkmalsorientierte Ansatz liefert die klassische Markendefinition und geht davon aus, dass zur erfolgreichen Etablierung eines Konsumgutes am Markt verschiedene herausragende Eigenschaften erforderlich sind, die in Form von Merkmalskatalogen generalisierbar sind und schließlich zu den wesentlichen Bestimmungsfaktoren des Markenartikels zählen.[429] Die Markenartikeldefinition von MELLEROWICZ umfasst die zentralen Bestimmungsfaktoren der bekanntesten merkmalsorientierten Ansätze: „Markenartikel sind für den privaten Bedarf geschaffene Fertigwaren, die in einem größeren Absatzraum unter einem besonderen, die Herkunft kennzeichnenden Merkmal (Marke) in einheitlicher Aufmachung, gleicher Menge sowie in gleichbleibender oder verbesserter Güte erhältlich sind und sich dadurch sowie durch die für sie betriebene Werbung die Anerkennung der beteiligten Wirtschaftskreise (Verbraucher, Händler und Hersteller) erworben haben (Verkehrsgeltung)."[430]
Intensitätsorientiert	Der intensitätsorientierte Ansatz geht davon aus, dass sich seit der Entstehung der klassischen Herstellermarken verschiedene abgestufte Erscheinungsformen von Marken entwickelt haben. Die Unterscheidung zwischen Marke und nicht Marke beruht auf den jeweiligen Intensitätsausprägungen der von MELLEROWICZ in seiner Definition vorgegebenen Kriterien. Weist ein Produkt bei allen Kriterien einen hohen Intensitätsgrad auf, gilt es als Markenartikel bzw. Marke.[431]
Herkunftsbezogen	Der herkunftsorientierte Ansatz löst sich als erster von produktbezogenen Markenverständnis und bezieht Dienstleistungsmarken mit ein. Er analysiert die Herkunft der Marke, so dass diese das Wesen der Marke bestimmt und somit zwischen Hersteller-, Handels- und Dienstleistungsmarke unterschieden werden kann.[432]
Instrumental	Der instrumentale Ansatz versucht die charakteristischen Merkmale des Markenartikels mittels einer Analyse des Einsatzes typischer Marketinginstrumente zu ermitteln, so dass erst dann von einer Marke die Rede ist, wenn diese be-

---

[429] Vgl. Meffert, H. (1979), S. 19ff.

[430] Mellerowicz, K. (1963), S. 39.

[431] Vgl. Bruhn, M. (2001), S. 17.

[432] Vgl. Kelz, A. (1989), S. 47f.; Meier-Bickel, T. (2006), S. 20.

	stimmte Merkmale bezüglich der Qualität, des Designs, der Verpackung, der Menge, der Werbung, des Preises, des Absatzraums, des Distributionssystems etc. erfüllt sind.[433]
Absatzsystemorientiert	Der absatzsystemorientierte Ansatz sieht den Markenartikel als ein geschlossenes Absatzkonzept, das die Schaffung eines prägnanten Images, die Erreichung einer hohen Bekanntheit und weiterer Marketingpolitischer Ziele anstrebt.[434]
Erfolgsorientiert	Der erfolgsorientierte Ansatz geht davon aus, dass sich eine Marke in einem Markt erfolgreich durchsetzen kann, so dass nur denn von einer Marke die Rede ist, wenn es gelungen ist durch den Einsatz von Marketinginstrumenten ein hohes Niveau an ökonomischen und psychologischen Marketingzielen zu erreichen.[435]

---

[433] Vgl. Meffert, H. (1979), S. 19ff.

[434] Vgl. Alewell, K. (1974), S. 1218ff.; Hansen, P. (1970), S. 63ff.

[435] Vgl. Berekoven, L. (1978) zitiert nach Bruhn, M. (2001), S. 17.

Anhang 2: Die Messung der Imagetransferwahrscheinlichkeit im Rahmen des Distanzmodells von MEFFERT/ HEINEMANN

Die Imagetransfertauglichkeit und somit das Ausmaß des transferierbaren Volumens an Imagebestandteilen π, kann als eine Funktion der Distanz d ausgedrückt werden, wobei d_{jN} messtechnisch auf größer oder gleich eins festgesetzt wird:

$$\pi = f(d_{jN})$$

$$= f\left(\frac{1}{n}\sum_{k=1}^{n} I_{ijkA} - H_{ijkN}\right)$$

Wie aus obiger Gleichung erkennbar, steigt mit sinkender Distanz das Ausmaß des transferierbaren Volumens an Imagebestandteilen, so dass die Imagetransferwahrscheinlichkeit für das Produkt N in Bezug auf die Marke j wie folgt dargestellt werden kann:

$$\pi = \frac{1}{|d_{jN}|}$$

Unter Beachtung der Tatsache, dass die Möglichkeit des Imagetransfers nur gegeben ist, wenn eine Höchstdistanz D unterschritten wird, lässt sich die Imagetransferwahrscheinlichkeit als folgende Funktion darstellen:[436]

$$\pi = \begin{cases} \dfrac{1}{|d_{jN}|}, \text{falls } d < D \\ 0, \text{falls } d \geq D \end{cases}$$

---

[436] Vgl. Meffert, H./ Heinemann, G. (1990), S. 8.

Diesbezüglich ist folgender Verlauf denkbar:

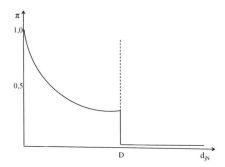

Abbildung A 1: Imagetransferwahrscheinlichkeit
Quelle: in Anlehnung an Meffert/ Heinemann (1990), S. 8.

Anhang X

Anhang 3: Das Beziehungsgeflecht der Erfolgsfaktoren von Markentransfers

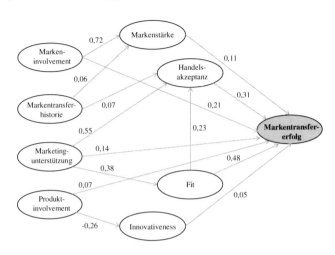

Alle Beziehungen im Strukturmodell sind auf dem 1%-Niveau signifikant. Die einzelnen Zahlen geben die Korrelationen zwischen den Erfolgsfaktoren an.

Abbildung A2: Beziehungsgeflecht der Erfolgsfaktoren von Markentransfers
Quelle: in Anlehnung an Völckner (2003), S. 231.

Literaturverzeichnis

Aaker, D. A. (1990): Brand Extensions: The Good, the Bad, and the Ugly, in: Sloan Management Review, Nr. 4, 31. Jg. (1990), S. 47-56.

Aaker, D. A. (1991): Managing Brand Equity: Capitalizing on the Value of a Brand Name, New York 1991.

Aaker, D. A. (1992): Management des Markenwerts, Frankfurt/New York 1992.

Aaker, D. A. (2002): Building Strong Brands, London 2002.

Aaker, D. A./ Keller, K. L. (1990): Consumer Evaluations of Brand Extensions, in: Journal of Marketing, Nr. 1, 54. Jg. (1990), S. 27-42.

Aaker, D. A./ Shansby, G. J. (1982): Positioning your Product, in: Business Horizons, Nr.3, 25. Jg. (1982), S. 56-62.

Alewell, K. (1974): Markenartikel, in: Tietz, B. (Hrsg.): Handwörterbuch der Absatzwirtschaft, Stuttgart 1974, S. 1217-1227.

Alexander, R. S. (1960): American Marketing Association Marketing Definitions: A Glossary of Marketing Terms, Chicago 1960.

Bächtold, R. (1994): Umbrella Strategien, in: Tomczak, T./ Reinecke, S. (1994): Marktforschung, St.Gallen 1994, S. 232-240.

Baumgarth, C. (2008): Markenpolitik, 3. Auflage, Wiesbaden 2008.

Baumüller, N./ Erbenich, C. D. (2006): Die fünf Erfolgsfaktoren des Markentransfers, in: Akzente, Nr. 1, o. Jg. (2006), S. 32-37.

Becker, J. (1983): Grundlagen der Marketing-Konzeption: Marketingziele, Marketingstrategien, Marketingmix, München 1983.

Becker, J. (2005): Einzel-, Familien- und Dachmarken als grundlegende Handlungsoptionen, in: Esch, F.-R. (Hrsg.): Moderne Markenführung, 4. Auflage, Wiesbaden 2005, S. 381-402.

Bentele, G./ Buchele, M. S./ Hoepfner, J./ Liebert, T. (2005): Markenwert und Markenwertermittlung: Eine systematische Modelluntersuchung und -bewertung, 2. Auflage, Wiesbaden 2005.

Berekoven, L. (1978): Zum Verständnis und Selbstverständnis des Markenwesens, in: Dichtl, E. (Hrsg.): Markenartikel Heute: Marke, Markt und Marketing, Wiesbaden 1978, S. 35-48.

Behrens, G. (1982): Das Wahrnehmungsverhalten der Konsumenten, Frankfurt am Main 1982.

Binder, C. U. (2005): Lizenzierung von Marken, in: Esch, F.-R. (Hrsg.): Moderne Markenführung: Grundlagen - Innovative Ansätze - Praktische Umsetzungen, 4. Auflage, Wiesbaden 2005, S. 523-548.

Böhler, H. (1979): Beachtete Produktalternativen und ihre relevanten Eigenschaften im Kaufentscheidungsprozeß von Konsumenten, in: Meffert, H./ Steffenhagen, H./ Freter, H. (Hrsg.): Konsumentenverhalten und Information, Wiesbaden 1979, S. 261-289.

Böhler, H. (2004): Marktforschung, 3. Auflage, Stuttgart 2004.

Böhler, H./ Scigliano, D. (2005): Marketing-Management, Stuttgart 2005.

Boush, D. M. (1993): How Advertising Slogans Can Prime Evaluations of Brand Extensions, in: Psychology & Marketing, Nr. 1, 10. Jg. (1993), S.67-78.

Bräutigam, S./ Esch, F.-R. (2001): Zur Einstellungsbildung bei Markenerweiterungen: Prozesse und Einflussfaktoren, Arbeitspapier Nr. 1 des Instituts für Marken- und Kommunikationsforschung an der Justus-Liebig-Universität Gießen, Gießen 2001.

Broniarczyk, S. M./ Alba, J. W. (1994): The Importance of the Brand in Brand Extension, in: Journal of Marketing Research, Nr. 2, 31. Jg. (1994), S. 214-228.

Bruhn, M. (1994): Begriffsabgrenzungen und Erscheinungsformen von Marken, in: Bruhn, M. (Hrsg.): Handbuch Markenartikel: Anforderungen an die Markenpolitik aus Sicht von Wissenschaft und Praxis, Band 1, Stuttgart 1994, S. 3-41.

Bruhn, M. (2001): Begriffsabgrenzung und Erscheinungsformen von Marken, in: Bruhn, M. (Hrsg.): Die Marke: Symbolkraft eines Zeichensystems, Wien 2001, S. 13-53.

Bruhn, M. (2004): Begriffsabgrenzungen und Erscheinungsformen von Marken, in: Bruhn, M. (Hrsg.): Handbuch Markenführung, Band 1, 2. Auflage, Wiesbaden 2004, S. 3-49.

Bruhn, M. (2007): Kommunikationspolitik, 4. Auflage, München 2007.

Burmann, C./ Meffert, H. (2005): Theoretisches Grundkonzept der identitätsorientierten Markenführung, in: Meffert, H./ Burmann, C./ Koers, M. (Hrsg.): Markenmanagement, 2. Auflage, S. 37-72.

Burmann, C./ Meffert, H./ Blinda, L. (2005): Markenevolutionsstrategien, in: Meffert, H./ Burmann, C./ Koers, M. (Hrsg.): Markenmanagement: Identitätsorientierte Markenführung und praktische Umsetzung, 2. Auflage, Wiesbaden 2005, S. 183-212.

Burmann, C./ Meffert, H./ Koers, M. (2005): Stellenwert und Gegenstand des Markenmanagements, in : Meffert, H./ Burmann, C./ Koers, M. (Hrsg.): Markenmanagement: Identitätsorientierte Markenführung und praktische Umsetzung, 2. Auflage, Wiesbaden 2005, S. 3-36.

Bünte, C. (2005): Marken-Optimizer, Münster 2005.

Cacioppo, J. T./ Petty, R. E. (1985): Central and Peripheral Routes to Persuasion: The Role of Message Repetition, in: Alwitt, L. F./ Mitchell, A. A. (Hrsg.): Psychological Processes and Advertising Effects, Hillsdale 1985, S. 91-111.

Caspar, M. (2002): Cross-Channel-Medienmarken, Frankfurt 2002.

Caspar, M./ Burmann, C. (2005): Markenerweiterungsstrategien, in: Meffert, H./ Burmann, C./ Koers, M. (Hrsg.): Markenmanagement: Identitätsorientierte Markenführung und praktische Umsetzung, 2. Auflage, S. 245-270.

Chaudhuri, A./ Holbrook, M. B. (2001): The Chain of Effects from Brand Trust and Brand Affect to Brand Performance: The Role of Brand Loyalty, in: Journal of Marketing, Nr. 2, 65. Jg. (2001), S. 81-93.

Cohen, J. B./ Basu, K. (1987): Alternative Models of Categorization: Toward a Contingent Processing Framework, in: Journal of Consumer Research, Nr. 4, 13. Jg. (1987), S. 455-472.

Dacin, P. A./ Smith, D. C. (2001): Einfluss des Produktportfolios auf die Markenstärke, in: Esch, F.-R. (Hrsg.): Moderne Markenführung, 3. Auflage, Wiesbaden 2001, S. 867-885.

Decker, R./ Bornemeyer, C. (2007): Produktliniengestaltung, in: Albers, S./ Hermann, A. (Hrsg.): Handbuch Produktmanagement: Strategieentwicklung - Produktplanung - Organisation - Kontrolle, 3. Auflage, Wiesbaden 2007, S. 573-593.

DelVecchio, D. (2000): Moving beyond Fit: The Role of Brand Portfolio Characteristics in Consumer Evaluations of Brand Reliability, in: Journal of Product & Brand Management, Nr. 7, 9. Jg. (2000), S. 457-471.

Dichtl, E. (1978): Grundidee, Entwicklungsepochen und heutige wirtschaftliche Bedeutung des Markenartikels, in: o.V. (Hrsg.): Markenartikel Heute: Marke, Markt und Marketing, Wiesbaden 1978, S. 17-33.

Dichtl, E. (1992): Grundidee, Varianten und Funktionen der Markierung von Waren und Dienstleistungen, in: Dichtl, E./ Eggers, W. (Hrsg.): Marke und Markenartikel als Instrumente des Wettbewerbs, München 1992, S. 1-24.

Dobni, D./ Zinkhan, G. (1990): In Search of Brand Image: A Foundation Analysis, in: Goldberg, M./ Gorn, G./ Pollay, R. (Hrsg.): Advances in Consumer Research, 17. Jg. (1990), S. 110-119.

Domizlaff, H. (1939): Die Gewinnung des öffentlichen Vertrauens: Ein Lehrbuch der Markentechnik, Hamburg 1939.

Esch, F.-R. (2006): Wirkung integrierter Kommunikation: Ein verhaltenswissenschaftlicher Ansatz für die Werbung, 4. Auflage, Wiesbaden 2006.

Esch, F.-R. (2007): Markenprofilierung und Markentransfer, in: Albers S./ Herrmann A. (Hrsg.): Handbuch Produktmanagement, 3. Auflage, Wiesbaden 2007, S. 185-218.

Esch, F.-R. (2008): Strategie und Technik der Markenführung, 5. Auflage, München 2008.

Esch, F.-R./ Billen, P. (1996): Förderung der Mental Convenience beim Einkauf durch Cognitive Maps und kundenorientierte Produktgruppierungen, in: Trommsdorff, V. (Hrsg.): Handelsforschung 1996/ 1997: Positionierung des Handels, Wiesbaden 1996, S. 317-337.

Esch, F.-R./ Fuchs, M./ Bräutigam, S./ Redler, J. (2005): Konzeption und Umsetzung von Markenerweiterungen, in: Esch F.-R. (Hrsg.): Moderne Markenführung, 4. Auflage, Wiesbaden 2005, S. 905-946.

Esch, F.-R./ Geus, P. (2005): Ansätze zur Messung des Markenwerts, in: Esch, F.-R. (Hrsg.): Moderne Markenführung, 4. Auflage, Wiesbaden 2005, S. 1263-1305.

Esch, F.-R./ Wicke, A./ Rempel, J. E. (2005): Herausforderungen und Aufgaben des Markenmanagements, in: Esch, F.-R. (Hrsg.): Moderne Markenführung, 4. Auflage, Wiesbaden 2005, S. 4-55.

Farquhar, P. H./ Han, J. H./ Herr, P. M./ Ijiri, Y. (1992): Strategies for Leveraging Master Brands, in: Marketing Research, Nr. 3, 4. Jg. (1992), S. 32-43.

Frahm, L. G. (2004): Markenbewertung: Ein empirischer Vergleich von Bewertungsmethoden und Markenwertindikatoren, Frankfurt am Main 2004.

Freter, H. W. (1976): Mehrdimensionale Einstellungsmodelle im Marketing: Interpretation, Vergleich und Aussagewert, Münster 1976.

Freter, H. W. (1977): Markenpositionierung: Ein Beitrag zur Fundierung markenpolitischer Entscheidungen auf der Grundlage psychologischer und ökonomischer Modelle, Münster 1977.

Frieling, H. (1980): Farbe hilft Verkaufen, 3. Auflage, Göttingen 1980.

Fuchs, M. (2004): Verpackungsgestaltung bei Markenerweiterungen - Der Einfluss auf die Akzeptanz der Konsumenten, Wiesbaden 2004.

Gardner, B./ Levy, S. (1955): The Product and the Brand, in: Harvard Business Review, Nr. 2, 33. Jg. (1955), S. 33-39.

Glogger, A. (1999): Imagetransfer im Sponsoring: Entwicklung eines Erklärungsmodells, Frankfurt am Main 1999.

Grunert, K. G. (1982): Informationsverarbeitungsprozesse bei der Kaufentscheidung: Ein gedächtnispsychologischer Ansatz, Frankfurt am Main 1982.

Guiltinan, J. P. (1993): A strategic framework for assessing product line additions, in: Journal of Product Innovation Management, Nr. 2, 10. Jg. (1993), S. 136-147.

Günther, M./ Vossebein, U./ Wildner, R. (1998): Panels in der Marktforschung, Wiesbaden 1998.

Günther, S. (2002): Wahrnehmung und Beurteilung von Markentransfers: Erfolgsfaktoren für Transferprodukte und Markenimage, Wiesbaden 2002.

Haedrich, G./ Tomczak, T. (1996): Produktpolitik, Stuttgart 1996.

Haedrich, G./ Tomczak, T./ Kaetzke, P. (2003): Strategische Markenführung, 3. Auflage, Stuttgart 2003.

Hansen, P. (1970): Der Markenartikel: Analyse seiner Entwicklung und Stellung im Rahmen des Markenwesens, Berlin 1970.

Hätty, H. (1989): Der Markentransfer, Heidelberg 1989.

Hätty, H. (1994): Markentransferstrategie, in: Bruhn, M. (Hrsg.): Handbuch Markenartikel, Band 1, Stuttgart 1994, S. 561-582.

Herkner, W. (2001): Lehrbuch Sozialpsychologie, 2. Auflage, Bern 2001.

Hirschmann, E. C. (1980): Innovativeness, Novelty Seeking, and Consumer Creativity, in: Journal of Consumer Research, Nr. 3, 7. Jg. (1980), S. 283-295.

Hubbard, M. (2004): Markenführung von innen nach außen: Zur Rolle der Internen Kommunikation als Werttreiber für Marken, Wiesbaden 2004.

Jeck-Schlottmann, G. (1988): Anzeigenbetrachtung bei geringem Involvement, in: Marketing ZFP, Nr. 2, 10. Jg. (1988), S. 33-37.

Johannsen, U. (1971): Das Marken- und Firmenimage, Berlin 1971.

Kaas, K. P./ Busch, A. (1996): Inspektions-, Erfahrungs- und Vertrauenseigenschaften von Produkten: Theoretische Konzeption und empirische Validierung, in: Marketing ZFP, Nr. 4, 18. Jg. (1996), S. 243-252.

Kapferer, J.-N. (2000): Brand Extension in Practice, in: Thexis, Nr. 2, 17. Jg. (2000), S. 43-45.

Keller, K. L. (1991): Conceptualizing, Measuring and Managing Customer-Based Brand Equity, Cambridge 1991.

Keller, K. L. (2001): Erfolgsfaktoren von Markenerweiterungen, in: Esch F.-R. (Hrsg.): Moderne Markenführung, 3. Auflage, Wiesbaden 2001, S. 793-807.

Keller, K. L. (2003): Strategic Brand Management: Building, Measuring, and Managing Brand Equity, 2. Auflage, New Jersey 2003.

Kelz, A. (1989): Die Weltmarke, Idstein 1989.

Klein-Bölting, U./ Maskus, M. (2003): Value Brands: Markenwert als zentraler Treiber des Unternehmenswerts, Stuttgart 2003.

Konert, F. J. (1986): Vermittlung emotionaler Erlebniswerte, Heidelberg/ Wien 1986.

Krishnan, H.S. (1996): Characteristics of Memory Associations: A Consumer-Based Brand Equity Perspective, in: International Journal of Research in Marketing, Nr. 4, 13. Jg. (1996), S. 389-405.

Kroeber-Riel, W. (1984): Zentrale Probleme auf gesättigten Märkten, in: Marketing ZFP, Nr. 3, 6. Jg. (1984), S. 210-214.

Kroeber-Riel, W. (1993): Bildkommunikation, München 1993.

Kroeber-Riel, W./ Weinberg, P. (2003): Konsumentenverhalten, 8. Auflage, München 2003.

Leitherer, E. (1994): Geschichte der Markierung und des Markenwesens, in: Bruhn, M. (Hrsg.): Handbuch Markenartikel: Anforderungen an die Markenpolitik aus Sicht von Wissenschaft und Praxis, Band 1, Stuttgart 1994, S. 135-152.

Loken B./ Roedder J. D. (1993): Diluting Brand Beliefs: When do Brand Extensions have a negative Impact, in: Journal of Marketing, Nr. 3, 57. Jg. (1993), S. 71-84.

Lomax, W./ Hammond, K./ Clemente, M./ East, R. (1996): New Entrants in a Mature Market: An Empirical Study of the Detergent Market, in: Journal of Marketing Management, Nr. 4, 12. Jg. (1996), S. 281-295.

MacInnis, D./ Nakamoto, K. (1991): Factors that Influence Consumers´ Evaluations of Brand Extensions, Working Paper, Tucson 1991.

Mahnik, N. / Mayerhofer, W. (2006): Erfolgsfaktoren von Markenerweiterungen, Wiesbaden 2006.

Maier, H. D. (1998): Corporate Identity und Marketing Identität, in: Birkigt, K./ Stadler, M. M./ Funck, H. J. (Hrsg.): Corporate Identity: Grundlagen, Funktionen, Fallbeispiele, 9. Auflage, Landsberg am Lech 1998, S. 161-178.

Markengesetz, 25. Oktober 1994, BGBl. I S. 3082.

Mayer, H./ Däumer, U./ Rühle, H. (1982): Werbepsychologie, Stuttgart 1982.

Mayer, A./ Mayer, R. U. (1987): Imagetransfer, Spiegel-Verlagsreihe, Band 7, Hamburg 1987.

Mayerhofer, W. (1995): Imagetransfer: Die Nutzung von Erlebniswelten für die Positionierung von Ländern, Produktgruppen und Marken, Wien 1995.

Mazanec, J. (1978): Strukturmodelle des Konsumgüterverhaltens: Empirische Zugänglichkeit und praktischer Einsatz zur Vorbereitung absatzwirtschaftlicher Positionierungs- und Segmentierungsentscheidungen, Wien 1978.

Meffert, H. (1979): Der Markenartikel und seine Bedeutung für den Verbraucher, Band 24, Hamburg 1979.

Meffert, H. (1992): Strategien zur Profilierung von Marken, in: Dichtl, E./ Eggers, W. (Hrsg.): Marke und Markenartikel als Instrument des Wettbewerbs, München 1992, S. 129-156.

Meffert, H. (2002): Strategische Optionen der Markenführung, in: Meffert, H./ Burmann, C./ Koers, M. (Hrsg.): Markenmanagement: Grundfragen identitätsorientierter Markenführung, Wiesbaden 2002, S. 135-165.

Meffert, H./ Bruhn, M. (1984): Markenstrategien im Wettbewerb: Empirische Untersuchungen zur Akzeptanz von Hersteller-, Handels- und Gattungsmarken, Wiesbaden 1984.

Meffert, H./ Burmann, C. (1998): Abnutzbarkeit und Nutzungsdauer von Marken - Ein Beitrag zur steuerlichen Behandlung von Warenzeichen, in: Meffert, H./ Krawitz, N. (Hrsg.): Unternehmensrechnung und –besteuerung: Grundfragen und Entwicklung, Wiesbaden 1998, S. 75-126.

Meffert, H./ Heinemann, G. (1990): Operationalisierung des Imagetransfers: Begrenzung des Transferrisikos durch Ähnlichkeitsmessungen, in: Marketing ZFP, Nr. 1, 12. Jg. (1990), S. 5-10.

Meier-Bickel, T. (2006): Markenerweiterungen: Eine empirische Analyse bei ausgewählten Dienstleistungsunternehmen, Aachen 2006.

Mellerowicz, K. (1963): Markenartikel: Die ökonomischen Gesetze ihrer Preisbildung und Preisbindung, 2. Auflage, Wiesbaden 1963.

Milberg, S. J./ Park, C. W./ McCarthy, M. S. (1997): Managing Negative Feedback Effects Associated with Brand Extensions: The Impact of Alternative Branding Strategies, in: Journal of Consumer Psychology, Nr. 2, 6. Jg. (1997), S. 119-140.

Muchow, K. C. (1999): M&A Tätigkeit in Deutschland auch 1998 auf hohem Niveau, in: M&A Review, Nr. 1, ohne Jg. (1999), S. 6-10.

Murphy, G. L./ Medin, D. L. (1985): The Role of Theories in Conceptual Coherence, in: Psychological Review, Nr. 3, 92. Jg. (1985), S. 289-316.

Müller, S. (2002): Bildkommunikation als Erfolgsfaktor bei Markenerweiterungen, Wiesbaden 2002.

Müller-Hillebrand, V. (1972): Bedarfsbündelorientierter Ansatz der Konsumgüterindustrie, Nürnberg 1972.

Nauck, H. G. (1989): Von der Monomarke zur Dachmarke: Die Milka-Kuh, in: Gesellschaft zur Erforschung des Markenwesens e.V. (Hrsg.): Markentransfer: Chancen und Grenzen, Wiesbaden 1989, S. 15-17.

Neuhaus, C. F./ Taylor, J. R. (1972): Variables Affecting Sales of Family Branded Products, in: Journal of Marketing Research, Nr. 4, 9. Jg. (1972), S. 419-422.

Neumann, P./ von Rosenstiel, L. (1981): Die Positionierungsforschung für die Werbung, in: Tietz, B. (Hrsg.): Die Werbung: Band 1: Rahmenbedingungen, Sachgebiete und Methoden der Kommunikation und Werbung, Landsberg am Lech 1981, S. 767-837.

Nieschlag, R./ Dichtl, E./ Hörschgen, H. (1997): Marketing, 18. Auflage, Berlin 1997.

Nufer, G. (2007): Event-Marketing und –Management: Theorie und Praxis unter besonderer Berücksichtigung von Imagewirkungen, 3. Auflage, Wiesbaden 2007.

Ogilvy, D. (1951): Speech to American Marketing Association, Chicago 1951.

Park, C. W./ McCarthy, M./ Milberg, S. J. (1993): The Effects of Direct and Associative Brand Extension Strategies on Consumer Response to Brand Extensions, in: McAlister, L./ Rothschild, M. L. (Hrsg.): Advances in Consumer Research, 20. Jg.(1993), S. 28-33.

Park, C. W./ Milberg, S. J./ Lawson, R. (2005): Beurteilung von Markenerweiterungen, in: Esch F.-R. (Hrsg.): Moderne Markenführung, 4. Auflage, Wiesbaden 2005, S. 963-981.

Pepels, W. (2000): Marketing, 3. Auflage, München 2000.

Petty, R. E./ Cacioppo, J. T. (1983): Central and Peripheral Routes to Persuasion: Application to Advertising, in: Percy, L./ Woodside, A. G. (Hrsg.): Advertising and Consumer Psychology, Lexington 1983, S. 3-24.

Prick, H. J. (1989): Nivea-Markentransfer, in: Gesellschaft zur Erforschung des Markenwesens e.V. (Hrsg.): Markentransfer: Chancen und Grenzen, Wiesbaden 1989, S. 30-34.

Quack, H. (1980): Die Einstellungsrelevanz von Produktmerkmalen, Frankfurt am Main 1980.

Reinstrom, C. (2008): Steuerung des Markentransfererfolgs, Hamburg 2008.

Reinstrom, C./ Sattler, H./ Lou, M. (2006): Lizenzen, in: Absatzwirtschaft - Zeitschrift für Marketing, Nr. 3, 49. Jg. (2006), S. 50-53.

Ruge, H.-D. (1988): Die Messung bildhafter Konsumerlebnisse, Heidelberg 1988.

Salcher, E. F. (1978): Psychologische Marktforschung, Berlin/ New York 1978.

Sander, M. (1994): Die Bestimmung und Steuerung des Wertes von Marken: Eine Analyse aus Sicht des Markeninhabers, Heidelberg 1994.

Sattler, H. (1997): Monetäre Bewertung von Markenstrategien für neue Produkte, Stuttgart 1997.

Sattler, H. (1998): Beurteilung der Erfolgschancen von Markentransfers, in: Zeitschrift für Betriebswirtschaft, Nr. 5, 68. Jg. (1998), S. 475-495.

Sattler, H. (2001): Markenpolitik, Stuttgart 2001.

Sattler, H. (2004): Markentransferstrategien, in: Bruhn, M. (Hrsg.): Handbuch Markenführung, Band 1, 2. Auflage, Wiesbaden 2004, S. 817-830.

Sattler, H. (2005): Markenstrategien für neue Produkte, in: Esch F.-R. (Hrsg.): Moderne Markenführung, 4. Auflage, Wiesbaden 2005, S. 503-521.

Sattler, H./ Kaufmann, G. (2006): Markentransfer: Chancen und Risiken, in: WISU-Das Wirtschaftsstudium, Nr. 1, 35. Jg. (2006), S. 70-74.

Sattler, H./ Völckner, F. (2006): Markentransfer: Der Stand der Forschung, in: Strebinger, A./ Mayerhofer, W./ Kurz, H. (Hrsg.): Werbe- und Markenforschung, Wiesbaden 2006, S. 51-75.

Sattler, H./ Völckner, F. (2007): Markenpolitik, 2. Auflage, Stuttgart 2007.

Schiele, T. P. (1999): Markenstrategien wachstumsorientierter Unternehmen, Wiesbaden 1999.

Schlaberg, F. (1997): Wettbewerbsvorteil und Bewertung von Marken: Entwicklung eines Bewertungsmodells zur Effizienzsteigerung im Markenmanagement und -controlling auf Basis mikroökonomisch und finanztheoretisch fundierter Untersuchungen, Bamberg 1997.

Schönborn, G./ Molthan, K. M. (2001): Marken Agenda: Kommunikationsmanagement zwischen Marke und Zielgruppe, Neuwied 2001.

Schweiger, G. (1982): Imagetransfer, in: Marketing Journal, Nr. 4, 15. Jg. (1982), S. 321-232.

Schweiger, G. (1983): Verwendung von gleichen Markennamen für unterschiedliche Produktgruppen (Imagetransfer), in: Planung & Analyse, Nr. 6, 10. Jg. (1983), S. 260-263.

Sharp, B. M. (1993): Managing Brand Extensions, in: Journal of Consumer Marketing, Nr. 3, 10. Jg. (1993), S. 11-17.

Simon, H. (1985): Goodwill und Marketingstrategie, Wiesbaden 1985.

Smith, D./ Park, C. (2001): Einfluß der Markenerweiterung auf Marktanteil und Werbeeffizienz, in: Esch, F.-R. (Hrsg.): Moderne Markenführung, 3. Auflage, Wiesbaden 2001, S. 843-865.

Spiegel, B./ Nowak, H. (1974): Image und Image-Analyse, in: Marketing-Enzyklopädie, Band 1, München 1974, S. 965-977.

Steffen, D. (2006): Die Potenzialqualität von Dienstleistungen: Konzeptualisierung und empirische Prüfung, Basler Schriften zum Marketing, Band 19, Wiesbaden 2006.

Sullivan, M. W. (1992): Brand Extensions: When to Use Them, in: Management Science, Nr. 3, 38. Jg. (1992), S. 793-805.

Sunde, L./ Brodie, R. J. (1993): Consumer Evaluations of Brand Extensions: Further Empirical Results, in: International Journal of Research in Marketing, Nr. 1, 10. Jg. (1993), S. 47-53.

Tauber, E. M. (1981): Brand Franchise Extensions: New Product Benefit from Existing Brand Names, in: Business Horizons, Nr. 2, 24. Jg. (1981), S. 36-41.

Tauber, E. M. (1988): Brand Leverage: Strategy for Growth in a Cost Controlled World, in: Journal of Advertising Research, Nr. 4, 28. Jg. (1988), S. 26-30.

Tauber, E. M. (1993): Fit and Leverage in Brand Extensions, in: Aaker, D. A./ Biel, A. (Hrsg.): Brand Equity & Advertising, Hillsdale 1993, S. 313-318.

Taylor, A. (1998): Brand Franchising, in: Hart, S./ Murphy, J. (Hrsg.): Brands: The New Wealth Creators, Houndsmill u. a. 1998, S. 114-122.

Trommsdorff, V. (1975): Die Messung von Produktimages für das Marketing: Grundlagen und Operationalisierung, Köln u.a. 1975.

Trout, J./ Rivkin, S. (1996): The New Positioning: The Latest on the World´s #1 Business Strategy, New York 1996.

Vershofen, W. (1959): Die Marktentnahme als Kernstück der Wirtschaftsforschung, Berlin/ Köln 1959.

Von Rosenstiel, L./ Ewald, G. (1979): Marktpsychologie, Band 2, Stuttgart u.a. 1979.

Völckner, F. (2003): Neuprodukteinführung bei kurzlebigen Konsumgütern: Eine empirische Analyse der Erfolgsfaktoren von Markentransfers, Wiesbaden 2003

Völckner, F. (2004): Markentransfer, in: Zerres C./ Zerres M. (Hrsg.): Markenforschung: Analyse aktueller Ansätze in Wissenschaft und Praxis, München/ Mering 2004, S. 79-111.

Völckner, F./ Sattler, H. (2006): Drivers of brand extension success, in: Journal of Marketing, Nr. 2, 70. Jg. (2006), S. 18-34.

Völckner, F./ Sattler, H. (2007): Empirical Generalizability of Consumer Evaluations of Brand Extensions, in: International Journal of Research in Marketing, Nr. 2, 24. Jg. (2007), S. 149-162.

Weinberg, P. (1995): Markenartikel und Markenpolitik, in: Tietz, B./ Köhler, R./ Zentes, J. (Hrsg.): Handwörterbuch des Marketing, 2. Auflage, Stuttgart 1995, S. 2678-2692.

Weinhold-Stünzi, H. (1991): Marketing in 20 Lektionen, 21. Auflage, St. Gallen 1991.

Wind, Y. J. (1982): Product Policy: Concepts, Methods and Strategy, Reading/ Massachusetts 1982.

Wölfer, U. (2004): Produktlinienerweiterung (Line Extension), in: Bruhn, M. (Hrsg.): Handbuch Markenführung, Band 1, 2. Auflage, Wiesbaden 2004, S. 799-816.

Zatloukal, G. (2005): Erfolgsfaktoren von Markentransfers, Wiesbaden 2002.

Zimmermann, R./ Klein-Bölting, U./ Sander, B./ Murad Aga, T. (2001): Brand Equity Excellence, Band 1, Düsseldorf 2001.

Elektronische Quellen

o.V.: http://lexikon.meyers.de/meyers/Affinit%C3%A4t (Abfrage: 25.07.2008).

o.V.: http://www.triago.ch/lexe.php#38 (Abfrage: 28.07.2008).